En el mundo hispánico

Francisco J. Uriz

Birgit Harling

En el mundo hispánico

Redacción Anna W. Kutz, Ana Montero
Diseño e illustración John Anastasio
Illustración The Character Bank.com (London)
Diseño de la cubierta Gregor Arthur
Correctora Manuela Gil-Toresano
Glosario Silvia Gómez

ISBN Libro del estudiante: 3-12-526931-8
Casete 1 (Ejercicios de comprensión auditiva): 3-12-526934-2
Casete 2 (Lecturas) 3-12-526935-0
CD1 (Ejercicios de comprensión auditiva): 3-12-526933-4
Guía del profesor: 3-12-526936-9

1ª edicion 65432 2010 2009 2008 2007 2006

Se considera que en el momento de la publicación del libro todas las direcciones facilitadas de sitios en Internet son correctas. No se ofrecen garantías de que no cambien y no se asume responsabilidad por ningún tipo de pérdida ni por los daños que pueda ocasionar el acceso al material contenido en ellos.

Fotografías

Cubierta: Erika Barahona Ede ©FMGBGuggenheim Bilbao Museoa, South American Pictures, The Stock Market; Paul Achterberg 50, 77; Agencia EFE 8, 18 (2), 19 (2), 20, 22 (2), 59, 60, 61, 63 (2), 99; All Sport 48 (2), 69; Sergio Alvarado 108; Archivo Fotográfico Museo Nacional Centro de Arte Reina Sofía 55; Associated Press 21; Das Photo/Dave Simson 4, 8, 9 (2), 24, 28, 29, 30, 35, 36, 39 (2), 40 (2), 49 (2), 66, 67 (2), 68, 70, 78, 87, 97, 101, 102, 106, 117; Guggenheim Bilbao Museoa 68 ©FMGBGuggenheim Bilbao Museoa; Jan Chipps Photography 5, 26, 32, 33, 34, 36, 37, 38 (2), 39, 41 (2), 43, 44, 45, 52 (2), 56, 69, 72, 73, 74 (2), 75 (2), 76, 84, 90 (2), 97 (5); Lapuente 35; Life File 6, 8, 9, 24, 25 (2), 30, 32, 36, 45, 47, 51 (3), 58, 70, 71, 72, 78 (2), 88; Mary Evans Picture Library 10, 12, 16, 20; Museo Arqueológico Nacional, Madrid 10; Museo Nacional del Prado 16, 54 (3), 109 DERECHOS RESERVADOS © MUSEO NACIONAL DEL PRADO – MADRID; Oficina Nacional Española de Turismo 46, 50, 52, 66, 67, 71, 77, 79 (2), 80 (2), 81 (2); Emiliano Piedra 62; Duncan Prowse 11, 44, 47, 73; Michael Schindel 53, 76, 86; South American Pictures 7, 13 (3), 14, 15, 17 (2), 21, 23, 26, 27, 29, 31, 33, 42, 43, 53 (3), 55, 57, 84, 85 (2), 86, 87, 88, 89 (2), 90, 91 (2), 92 (2), 93 (2), 94, 95, 116, 117; Spectrum Colour Library 6; Francisco J. Uriz 27, 50, 94

Textos, folletos y anuncios

Agencia Carmen Balcells *Campo Abierto* de Max Aub ©Max Aub, 1951 y herederos de Max Aub, 99; *Las buenas intenciones* de Max Aub ©Max Aub, 1954 y herederos de Max Aub, 106; **Alianza Editorial** *Un largo lagarto verde* de Nicolás Guillén, 116; **Ayuda en Acción** 102; **Bla Bla & Company** 96; **Ediciones Cátedra, S.A.** *Un mundo para Julius* de Alfredo Bryce Echenique, 96; "Oda al tomate" de Pablo Neruda, del *Odas elementales*, 104; **Ediciones Folio** Adaptación del texto de *Guía de Barcelona, Madrid y Sevilla*, 114; **Edílesa** Santiago peregrino, 66; **El País (España)** Un discurso pronunciado el 28 de abril de 1997 por el escritor Carlos Fuentes en Rhode Island, EE UU (la Universidad de Brown) 98; Dibujo de la edición digital, Día Internacional de la Mujer, 104; **Espasa Calpe, S.A.** "Romance de la Guardia Civil española" de Federico García Lorca, del *Romancero Gitano*, 102; *Cien Años de Soledad* de Gabriel García Márquez, 110; **Fundación Caixa Galicia** *El Euro: la moneda única de Europa*, 100; **Guía del Ocio** Adaptación, 107; **Hipermac** Hipermercado del Mac, S.L. 5; **International Music Publications, Ltd** Letra y música de *El último café* de Catulo Castillo y Hector Stamponi © 1982 Editorial Musical Korn Intersong SAIC, (25%) Warner/Chappell Music Limited, London W6 8BS, reproducido con permiso, 108; **La Nación (Costa Rica)** Adaptación del artículo de Cynthia Briceño Obando *La Reserva Biológica Monteverde de Costa Rica*, 116; **Médicos Sin Fronteras** logo, 33; **Prophone Records, AB, Sweden** Grabación de *El último* café (p) & © 1997, 108; **RENFE** *Olvídese del cinturón y póngase las botas*, 112; **Schirmer-Mosel** *Buena Vista* Social Club logo, 57

Hemos buscado y solicitado los derechos de los textos, artículos y anuncios publicitarios que se encuentran en este libro, y agradecemos la amabilidad de cuantos nos han respondido y autorizado la reproducción.

ÍNDICE

¿Hablas español?

1 ¿Sabes dónde se habla español?

El mundo del español

En la actualidad unos 350 millones de personas hablan español en el mundo. Es idioma oficial en 20 países. Es también idioma oficial en organismos internacionales como la ONU (Organización de las Naciones Unidas), la Unesco y la UE (Unión Europea).

Países donde se habla español...

El español será la primera lengua del mundo en el año 2010

El español, que es actualmente la segunda lengua más hablada en todo el mundo, con unos 350 millones de hispanohablantes (el inglés es la primera, con 497 millones), puede convertirse en la primera hacia el año 2010.

En partes del sur Estados Unidos se habló español muchos años antes que inglés. Hoy día viven allí unos 20 millones de hispanohablantes. En Miami el 66 por ciento de la población es de origen hispano.

 « Vivo en Nueva York y trabajo en una librería. Oigo siempre que puedo *La Nueva Mega*, una emisora de radio latina. Creo que hay mucha gente como yo porque leí que es la emisora más escuchada de Nueva York. Me gusta mucho porque emite música latina todo el día, sobre todo salsa y merengue, y los pinchadiscos son fantásticos. **»**

2 ¿Qué lengua es ahora la primera del mundo?

3 ¿Tiene futuro el español en el siglo XXI?

 el símbolo del Instituto Cervantes (www.cervantes.es)

Y tú, ¿qué hablas?

El español, idioma oficial de España, es el otro nombre que se da al castellano, una de las lenguas románicas derivadas del latín que trajeron los conquistadores romanos. En España se hablan también otras lenguas románicas: el catalán y el gallego.

La Constitución de 1978 dice que el catalán, el gallego y el vascuence son, junto con el español, lenguas oficiales en sus respectivas comunidades autónomas: Cataluña, Galicia y País Vasco.

En Hispanoamérica, además del español, se hablan una gran cantidad de idiomas autóctonos. En Paraguay, por ejemplo, el guaraní es idioma oficial junto con el español. En Perú y Bolivia hablan quechua (el idioma de los incas) y en Guatemala y sur de México, lenguas que hablaban los mayas y aztecas.

«Vivo en Barcelona, la capital de Cataluña, una autonomía de España. Hablo español y catalán. Soy estudiante de la Universidad de Barcelona y la mayoría de mis clases se dan en catalán. Con mis amigos, hablo catalán y también español… depende de la situación. Pero la verdad es que me siento bilingüe. **»**

 4 ¿Qué idiomas se hablan en España? ¿En Hispanoamérica?

 5 Tu lengua, ¿se habla en otros países? ¿Dónde?

Lo último en software educativo y de entretenimiento.

En los últimos años se han incorporado muchas palabras inglesas: béisbol, eslogan, jersey, escáner, software, etc.

 6 Lee las siguientes palabras y expresiones españolas. ¿Las conoces todas? ¿Son corrientes en tu idioma?

Fiesta	¡Hasta la vista!	sombrero
amigo	siesta	¡Viva!

¿Qué es el español?

El castellano fue, primero, el idioma de Castilla (de ahí su nombre) y luego fue el idioma más difundido de España.

No quedan en el español muchos restos de los idiomas hablados antes de la conquista romana, pero sí del árabe, por los ocho siglos de presencia en la Península. Muchos nombres geográficos vienen del árabe. La palabra árabe *wadi*, que significa río, se encuentra en nombres de ríos como Guadiana o Guadalquivir.

Los primeros textos literarios en castellano son del siglo XI y la primera gramática, de 1492, año del descubrimiento de América. Los conquistadores trajeron de las colonias americanas oro y plata, y también palabras que enriquecieron el español. Las palabras *tomate*, *huracán* y *hamaca* son de origen indígena. Más tarde, el francés influyó mucho en la ampliación del vocabulario español.

Geografía

1. ¿Qué país de habla española te gustaría visitar? ¿Por qué? (Por el clima, el paisaje, ...)

🎧 España

España está situada en el sur de Europa. Tiene frontera con tres países: Francia, Portugal y Andorra, y está entre el océano Atlántico y el mar Mediterráneo. El estrecho de Gibraltar separa a España de África.

Al norte del país se le llama la "España verde". Llueve bastante y hay grandes bosques y prados. El resto, que es la mayor parte, es la "España seca" y tiene dos climas: el continental y el mediterráneo.

España es un país muy montañoso; después de Suiza es el más montañoso de Europa. El centro del país lo ocupa la Meseta, una llanura situada entre 600 y 1.000 metros sobre el nivel del mar.

También tiene ríos muy largos; cuatro de ellos desembocan en el océano Atlántico y uno, el Ebro, en el mar Mediterráneo.

Como España está rodeada de mares tiene mucha costa, más de 3.000 kilómetros, y en ella hay miles de playas.

En el mar Mediterráneo está el archipiélago de las Baleares. En el océano Atlántico, a más de mil kilómetros de España y a cien de la costa africana, están las islas Canarias. En el norte de África, España tiene dos ciudades, Ceuta y Melilla.

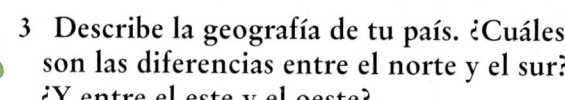
islas Canarias

España verde: los Picos de Europa en Asturias

España seca: un pueblo de Andalucía

2 Mira el mapa de España. Con un compañero, explica los climas de las varias zonas, incluidos las islas.

3 Describe la geografía de tu país. ¿Cuáles son las diferencias entre el norte y el sur? ¿Y entre el este y el oeste?

América Latina

América es uno de los cinco continentes. Tiene la forma de dos triángulos (América del Norte y América del Sur) unidos por un istmo (América Central). Está situada entre dos grandes océanos, el Atlántico y el Pacífico.

América Latina comprende los territorios que están al sur del río Grande, frontera de Estados Unidos y México, y llega hasta el cabo de Hornos. Su longitud es de unos 12.000 kilómetros.

En América Latina hay zonas muy diferentes. En la región tropical hay dos estaciones: la seca que es el verano y la húmeda, el invierno. Y es la altura la que determina el clima. El clima del sur es como el de Europa, pero con las estaciones cambiadas. Por ejemplo, en Argentina julio es invierno y diciembre, verano.

Las zonas de América Latina son:

La sierra. La cordillera de los Andes se extiende desde Panamá hasta el cabo de Hornos, en una longitud de más de 7.000 kilómetros. Su pico más alto es el Aconcagua.

La costa. La costa de América Central, Colombia y Ecuador es tropical. En Perú y en el norte de Chile la costa es desértica. En el desierto de Atacama hay zonas donde no ha llovido nunca.

La selva. En América Central y en la Amazonia hay grandes selvas tropicales. El río Amazonas es el más caudaloso del mundo. También en Venezuela hay grandes selvas que cruza el río Orinoco.

Las islas. En el mar Caribe están las islas Antillas. Allí viven casi 30 millones de personas.

En Venezuela se encuentra el salto de agua más alto del planeta: Salto del Ángel de 979 metros. Es 19 veces más alto que las cataratas de Niágara.

4 Escribe las letras que faltan para completar estas palabras. Puedes consultar las pistas entre paréntesis.

   a El _ editer _ án _ _ (un mar)
   b Los _ nd _ _ (una cordillera)
   c Las _ _ nar _ _ s (unas islas)
   d El G _ ad _ l _ ui _ _r (un río)
   e La _ es _ t _ (una llanura)
   f El _ ab _ de _ _ _ n _ s (un cabo)

5 Escoge un país hispanoamericano que te interese. Luego busca más detalles sobre su geografía en Internet. Ve al sitio *espanol.yahoo.com* y escoge "zonas geográficas".

Gente latina

1 ¿Dónde prefieres vivir? ¿En la ciudad o en el campo? ¿Por qué?

Españoles

España tiene unos 40 millones de habitantes. La natalidad española es muy baja y la población vieja. El 15 por ciento tiene más de 65 años.

El país está habitado desde hace decenas de miles de años. A los primeros pobladores de los que se tiene testimonio se les llama iberos. Las numerosas invasiones de la Península, sobre todo la larga estancia de los árabes, hacen difícil describir el tipo humano español.

Lo más importante es señalar la variedad. En el sur, con mayor influencia árabe, son espontáneos y alegres; los del norte parecen más serios. Los vascos constituyen un pueblo diferente. Entre los gallegos hay, por influencia celta, bastantes con pelo rubio y ojos azules.

Ciertas regiones de España han sido tradicionalmente zonas de emigración (Galicia, Andalucía); otras han recibido emigrantes (Cataluña, País Vasco, Madrid). En los años 60, emigraron a Europa (Alemania, Francia, Suiza y Bélgica) millones de españoles en busca de trabajo. Ahora España es un país de inmigración al que vienen personas, sobre todo, del norte de Africa y de Hispanoamérica.

❮❮ Nací en Bilbao pero mis padres son gallegos. Mi padre y sus hermanos emigraron de Galicia en los años 60. Mi padre se quedó a trabajar en el País Vasco y aquí se casó con una gallega. Sus hermanos se fueron a Alemania y su hermana a Argentina. Este verano hay una reunión familiar en casa de mis abuelos, en un pueblecito de Galicia. ❯❯

En la actualidad, la mayor parte de los españoles (más del 70 por ciento) vive en ciudades y hay muchos pueblos abandonados.

Hace unos años la mayoría de inmigrantes venía de Hispanoamérica. Hoy vienen de Marruecos y otros países africanos.

2 ¿Conoces a alguien que haya emigrado a tu país? ¿Cuál es su lugar de origen?

3 ¿Por qué motivos emigra la gente?

Hispanoamericanos

En Hispanoamérica hay una gran mezcla de razas. Se puede decir que el mestizaje es una de las características de la colonización española.

Los españoles se encontraron al descubrir América, en 1492, con habitantes a los que llamaron indios. Los conquistadores se mezclaron con la población indígena y de ahí salieron los mestizos. Luego se importaron negros de África para trabajar en las minas y en el campo. La unión de esclavos negros con los blancos dio el mulato.

Estas nuevas razas se mezclaron entre sí creando una infinidad de variantes. A esto hay que añadir las migraciones de finales del siglo XIX y del XX, constituidas, sobre todo, por españoles, italianos, alemanes, polacos, turcos y japoneses.

En muchas partes de Hispanoamérica la falta de tierra y las condiciones miserables de vida han obligado a la población a trasladarse del campo a la ciudad. En las últimas décadas ha habido éxodos masivos de población de un país a otro por motivos de guerra o de represión.

Los campesinos guatemaltecos y salvadoreños huían de la guerra y las clases medias de Chile, Uruguay y Argentina se exiliaron a Europa huyendo de las dictaduras militares. Hoy día 20 millones de hispanohablantes viven en Estados Unidos, sobre todo en California, Tejas Nueva York y Florida.

Perú es uno de los países más indios de Hispanoamérica.

4 ¿Por qué se traslada la gente del campo a la ciudad?

5 ¿Hay minorías étnicas en tu país? ¿Cuáles son? ¿Han influido en la vida diaria de tu país? (cocina, música...)

La natalidad de Hispanoamérica es alta y la población muy joven. Más del 35 por ciento tiene menos de 15 años. En El Salvador la población menor de 20 años es el 50 por ciento del total.

«Llegué hace tres años a Nueva York con mis padres que venían de Puerto Rico a buscar trabajo. Empecé a jugar al béisbol en el barrio, conseguí una beca en un "college" y ahora juego en un gran equipo. He tenido mucha suerte. ¡Voy a ser una gran estrella!»

Los orígenes de España

1 ¿Quiénes fueron los primeros habitantes de tu país? ¿De dónde vinieron?

Iberia

Los primeros habitantes de la era histórica, de lo que hoy es España, fueron los iberos que llegaron hacia el año 1000 a.C. De ellos viene el nombre de la península Ibérica. Siglos más tarde, unos 500 años a.C., llegaron por el norte los celtas, un pueblo que sabía trabajar el hierro. La unión de ambos produjo un nuevo pueblo: los celtíberos.

Hacia el año 1100 a.C. los fenicios, comerciantes procedentes de lo que hoy es el Líbano, fundaron puertos en las costas del Mediterráneo como Cádiz y Málaga. A los fenicios los siguieron los griegos (700 a.C.) y después los cartagineses (600 a.C.), procedentes de lo que hoy es Túnez.

Los cartagineses eran los grandes rivales de los romanos. Su ataque y destrucción de Sagunto, ciudad aliada de Roma, en 219 a.C., fue el motivo de la intervención romana que acabó con la presencia cartaginesa en la Península.

2 ¿De dónde vinieron los pueblos que poblaron España? Dibuja en un mapa la ruta que siguieron y escribe la fecha de su llegada a España.

La Dama de Elche: un busto de mujer que posiblemente tuvo uso funerario; en su espalda hay un orificio, en el cual se depositarían las cenizas del difunto.

Antonio Trigo. Archivo Fotográfico. Museo Arqueológico Nacional

🎧 Hispania

La resistencia de los celtíberos hizo que los romanos tardasen casi dos siglos en colonizar la península Ibérica. La derrota de los pueblos del norte puso fin a la conquista romana en el año 19 a.C. y convirtió a Hispania en una de las provincias más ricas e importantes del Imperio Romano.

Los conquistadores trajeron sus leyes y su idioma, el latín. Fundaron nuevas ciudades, como Itálica cerca de lo que hoy es Sevilla. También construyeron calzadas y puentes y levantaron grandes construcciones, como el acueducto de Segovia.

A principios del siglo V, Hispania, lo mismo que el resto del Imperio Romano, no pudo contener el avance de los pueblos bárbaros.

Los visigodos invadieron Hispania en el año 414 y acabaron con el dominio romano que había durado 500 años.

Algunos de los emperadores del Imperio Romano fueron de origen hispano, entre ellos, Trajano (arriba), Adriano y Marco Aurelio; y también lo fueron escritores como Séneca y Marcial.

3 ¿Qué efecto tuvo el imperio romano en la península Ibérica? ¿Por qué se terminó?

Al-Andalus

En el año 711, cuando los conflictos dinásticos entre los visigodos llevaron a la guerra civil, uno de sus jefes fue a África en busca de ayuda. Unos 12.000 guerreros árabes, bajo el mando de Tarik, cruzaron el estrecho de Gibraltar y derrotaron al último rey visigodo, Rodrigo.

Los árabes o moros ocuparon la Península en unos siete años. Al-Andalus, como llamaron a su nuevo país, era parte del imperio árabe que llegaba desde el océano Índico hasta el Atlántico. Los árabes eran de religión musulmana pero mostraron una gran tolerancia con judíos y cristianos.

Luego bajo Abderramán I (756-788) se fundó un emirato independiente con capital en Córdoba. Esta ciudad llegó a ser un centro cultural particularmente conocido en los campos de la medicina, la botánica, la filosofía, la astronomía y las matemáticas. Los moros introdujeron también nuevas industrias, como la fabricación de papel y de vidrio, y nuevos cultivos: arroz, algodón, caña de azúcar y plátanos.

A la muerte del general Almanzor (año 1002) el califato se dividió en pequeños reinos, llamados taifas. Después de 300 años de esplendor Córdoba perdió su importancia y Granada se convirtió en la principal ciudad de Al-Andalus.

En el palacio de La Alhambra, construido en el siglo XIV, abundan los jardines, estanques y fuentes. El agua era un elemento muy apreciado por un pueblo que venía del desierto.

El Cid

El Cid fue un héroe castellano que luchó contra los árabes. Su nombre verdadero era Rodrigo Díaz de Vivar, pero los moros lo llamaban *sidi*, o 'señor' en árabe, que se transformó en Cid en español. En 1094, tras un cerco de nueve meses, el Cid conquistó a los moros la ciudad de Valencia y la gobernó hasta su muerte. El valor y las proezas militares del Cid se recogen en la primera obra de la literatura española, *El Cantar de Mío Cid*, un poema épico del año 1140.

4 ¿Verdadero o falso? Lee estas frases y corrige la información incorrecta.

a Los romanos trajeron el arroz.
b Los visigodos derrotaron a los iberos.
c Los árabes introdujeron el azúcar.
d Los primeros habitantes fueron los romanos.

5 Escoge una ciudad antigua: Itálica, Córdoba, Cádiz o Granada y explica su significado en la historia de España. Busca detalles en Internet *www.sispain.org*.

6 ¿Quién fue El Cid? ¿De dónde venía el nombre?

Nace España

Los Reyes Católicos reciben las llaves de la ciudad de Granada de manos del último rey moro, Boabdil. Con ello termina, en 1492, la Reconquista y se completa la unidad de España.

1 En tu opinión, ¿cuál fue el hecho histórico más importante para tu país? ¿Por qué?

La Reconquista

La Reconquista fue la liberación de España de la ocupación árabe. Empezó en Asturias con la batalla de Covadonga, en el año 722. Debido a las diferencias entre los reinos cristianos que se iban formando, la Reconquista duró más de 700 años.

Una de las batallas decisivas fue la de las Navas de Tolosa, en 1221, en la que los moros fueron derrotados por los ejércitos de Castilla, Aragón y Navarra.

A finales del siglo XV, después de la unión de Aragón y Castilla (los reinos más poderosos de la Península) en el reino de España, los cristianos terminaron la Reconquista y descubieron un "Nuevo Mundo" (América).

El reino de España

El Papa dio a Fernando de Aragón y a Isabel de Castilla el título de Reyes Católicos por ser los encargados de cristianizar el Nuevo Mundo. Con ellos terminó la tolerancia religiosa que hubo bajo la ocupación arabe. Los musulmanes y los judíos fueron obligados a convertirse al cristianismo o a marcharse de España.

El Tribunal de la Inquisición perseguía a los sospechosos de herejía, los torturaba para sacar confesiones y los juzgaba con dureza. La muerte en la hoguera era un castigo frecuente. También se quemaban los libros considerados heréticos.

Los Reyes Católicos establecieron la ley y el orden. Aplastaron el poder de los nobles y crearon un ejército dependiente de la corona. En 1492, financiaron el viaje de Cristóbal Colón.

Cristóbal Colón

Cristóbal Colón era un navegante genovés que estaba buscando ayuda para encontrar, cruzando el océano Atlántico, una nueva ruta a la India, país de las especias. El 3 de agosto de 1492 Cristóbal Colón salió del puerto de Palos de Moguer con tres carabelas: la Santa María, la Pinta y la Niña. Dos meses después llegó a la isla de Guanahaní, a la que llamó San Salvador. Colón no llegó a la India, pero en cambio descubrió un continente desconocido para los europeos que primero se llamó Las Indias, luego el Nuevo Mundo y finalmente América.

2 Completa estas frases.
  a La ... empezó en el año 722 y terminó en 1492.
  b ... era el esposo de Isabel de Castilla.
  c Colón pensaba viajar a la ....

3 Explica las diferencias entre el reino de los moros y el de los cristianos en España.

Un Nuevo Mundo

Antes de la llegada de Cristóbal Colón algunos pueblos que vivían en el Nuevo Mundo habían alcanzado altos niveles de civilización.

Los aztecas

A mediados del siglo XV, los aztecas eran el pueblo dominante en el territorio que hoy es México. Los aztecas eran un pueblo guerrero, gobernado por un emperador. Cuando capturaban prisioneros, los sacrificaban y ofrecían la sangre al dios del sol para que se moviese en el cielo.

Los sacerdotes tenían un gran poder ya que, gracias a sus calendarios, podían señalar el tiempo adecuado para sembrar y cosechar.

Quetzalcóatl era uno de los principales dioses aztecas.

Los mayas

En territorios que hoy son México, Guatemala y Honduras, los mayas crearon una de las culturas más originales de América. Su máximo desarrollo coincidió con la caída del imperio romano, el año 476 d.C.

Los mayas eran buenos matemáticos (fueron los inventores del cero) y astrónomos y tenían un calendario muy exacto. La religión y, por tanto, los sacerdotes desempeñaban un importante papel en la vida de la colectividad.

Los mayas construyeron magníficos templos en México y Guatemala: Palenque, Uxmal y Chichén Itzá (arriba).

Los incas

Hacia el siglo XI los incas crearon un imperio, el Tahuantinsuyo, que llegó a ser, en el siglo XVI, uno de los más grandes del mundo.

Se extendía por lo que es hoy Ecuador, Perú, Bolivia, norte de Chile y de Argentina, y en él vivían unos 15 millones de habitantes. Su capital era Cuzco. Todo el poder estaba en manos del soberano, el Inca.

La base de la sociedad era el ayllu, comunidad de familias que cultivaban colectivamente el campo. Hablaban quechua, idioma que aún se habla en las zonas montañosas del Perú.

En las montañas de la selva, a 2.450 metros de altura, los incas construyeron la ciudad de Machu Picchu.

4 Compara las tres civilzaciones del Nuevo Mundo. Escribe una lista de las características de cada una.

5 Escoge un desarollo o invento de los mayas. Busca más detalles en Internet *www.mexicodesconocido.com.mx* y selecciona "mundo maya".

Una potencia mundial

1 ¿Qué factores contribuyen al poder de un país? (¿Fuerza militar, una economía potente…?)

En 1494, España y Portugal firmaron el tratado de Tordesillas para marcar la línea de separación de sus respectivas colonizaciones. Por eso, el portugués fue el idioma de Brasil y el español, el idioma de los otros países de América Latina.

La casa de Austria

Juana, hija de los Reyes Católicos, se casó con Felipe, miembro de la familia real de los Habsburgo (los Austrias, en español). Su hijo Carlos fue, desde 1516, el emperador Carlos I de España y V de Alemania. De su madre heredó España y las colonias de América y de su padre Alemania, Austria, los Países Bajos y parte de Italia.

Durante su reinado se conquistaron los territorios descubiertos en época de sus abuelos y empezaron a llegar el oro y la plata del Nuevo Mundo. Carlos I participó en numerosas guerras para defender o extender su imperio, el más importante de su época.

La conquista de América

En 1519 una expedición al mando de Hernán Cortés desembarcó en la costa oriental de México y se dirigió a la capital Tenochtitlán.

Moctezuma II, emperador y sumo sacerdote de los aztecas, recibió a los españoles con regalos. Cortés se instaló en la capital. Al año siguiente, los aztecas se sublevaron al mando de Cuauhtémoc, sucesor de Moctezuma, y obligaron a huir a los españoles. Cortés reorganizó sus tropas y conquistó Tenochtitlán en abril de 1521.

En 1532 dos militares, Francisco Pizarro y Diego de Almagro, se dirigieron con sus tropas a los territorios del imperio inca, en Perú. Los españoles capturaron al soberano, el Inca, Atahualpa. Como rescate pidieron una habitación llena de oro y aunque el Inca se la entregó para salvar su vida, lo condenaron a muerte. Luego conquistaron Cuzco tras largas luchas.

Felipe II

En 1556, Carlos I abdicó en favor de su hijo Felipe II y se retiró al monasterio de Yuste donde murió dos años después.

Felipe II

Felipe II, un católico fanático, consideró la defensa del catolicismo como su misión más importante. En su reinado, el oro y la plata que venían de América fueron empleados para pagar las guerras de religión contra protestantes y musulmanes.

En 1571 derrotó a los turcos en la batalla naval de Lepanto, en Grecia. En 1588, su Armada Invencible fue derrotada por su gran enemigo político, Inglaterra. A su muerte, en 1598, el "imperio donde no se ponía el sol" estaba en bancarrota. Había empezado la decadencia.

2 Haz un esquema de los hechos del siglo XVI en España y América Latina. En tu opinión, ¿cuál fue el más importante?

3 ¿Quién era Atahualpa? ¿Cómo lo trataron los españoles?

Las nuevas colonias

El rey dio a los conquistadores las tierras de los pueblos indígenas. A cambio, los conquistadores debían evangelizar las almas y cuidar del bienestar de sus pobladores. Fueron las llamadas *encomiendas*.

La economía de las colonias se basó en la explotación de las minas de metales preciosos (por medio de la *mita*) y del campo (por la encomienda). Ambas eran formas de trabajo forzado. Millones de indígenas murieron de agotamiento y, sobre todo, de enfermedades. Para asegurar la mano de obra, se empezaron a importar esclavos de África.

Para proteger a los indígenas, España había promulgado las "Leyes de Indias", pero no se cumplían. Se prohibieron las religiones indígenas y se construyeron iglesias sobre sus templos. Miles de indígenas fueron cristianizados a la fuerza. Se les impedía continuar su forma de vida tradicional. Ello provocó sublevaciones, por ejemplo la de Tupac Amaru en Perú en 1780.

Diego Rivera

La crueldad de la conquista, los duros trabajos impuestos a los indios y, sobre todo, las enfermedades desconocidas que llevaron los españoles, fueron la causa principal de la masiva muerte de los indígenas.

 4 ¿De dónde procedían los esclavos? ¿Qué trabajo hacían?

5 ¿Conoces algún país donde haya habido esclavitud?

Los virreinatos

El rey de España era también rey de las colonias. En el siglo XVIII la América española estaba dividida en cuatro virreinatos: Nueva España, Nueva Granada, Río de la Plata y Perú. Los virreinatos estaban gobernados por virreyes, que representaban al rey. En España, el Consejo de Indias trataba los asuntos relacionados del Nuevo Mundo. Los criollos, herederos de los conquistadores, mantuvieron sus tierras de generación en generación. Aunque éstos tenían el poder económico, la península, por medio del virrey, tenía el poder político.

6 ¿Cómo funcionaban los virreinatos? Identifica las personas que tenían poder.

Los últimos Austrias

Los últimos Austrias, Felipe III, Felipe IV y Carlos II, fueron personas débiles que dejaron los asuntos del gobierno en manos de sus validos. Bajo sus reinados, durante el siglo XVII, España perdió Portugal, los Países Bajos y su posición de gran potencia.

La decadencia española fue la consecuencia de una larga crisis económica. El motivo fundamental fue que se gastaba el dinero en financiar sus guerras. Los gobernantes expulsaron a árabes, moriscos y judíos, lo que contribuyó a empeorar la situación. No hicieron nada por crear industrias ni fomentar la idea de que el trabajo es la base de la riqueza nacional.

A finales del siglo XVII, el rey Carlos II murió sin sucesión y así acabó la dinastía española de los Austrias.

Hacia la independencia

1 ¿Ha tenido tu país una revolución? ¿Cuándo? ¿Por qué?

El rey Felipe V fue el que inició la dinastía de los Borbones. El actual rey de España, Juan Carlos, es un Borbón.

Una nueva dinastía

El siglo XVIII empieza con la Guerra de Sucesión. Antes de morir Carlos II nombró rey de España a Felipe de Anjou, un Borbón, nieto del rey de Francia Luis XIV. Este testamento no fue admitido por el archiduque de Austria, lo que originó una guerra de 12 años que terminó con el reconocimiento de Felipe de Anjou (Felipe V) como rey de España en el tratado de Utrecht (1713).

Los Borbones centralizaron el país siguiendo el modelo francés y suprimieron los privilegios y libertades de las regiones periféricas. También trataron de sacar a España de la crisis económica fomentando la agricultura, la incipiente industria textil y la minería. El reinado de Carlos III fue el del *despotismo ilustrado,* una forma de gobernar autoritariamente en beneficio del pueblo aunque sin su participación política.

La invasión francesa

Carlos IV sucedió a su padre, Carlos III, en 1788, el año anterior a la revolución francesa. En 1808, el emperador francés Napoleón Bonaparte invadió España obligando a Carlos IV y a su hijo, Fernando VII, a abdicar. Napoleón colocó en el trono de España a su hermano José I. El día 2 de mayo el pueblo de Madrid se rebeló contra los franceses y comenzó la Guerra de la Independencia.

Cuando todo el país estaba ocupado, los patriotas españoles se refugiaron en Cádiz y allí redactaron, en 1812, la primera Constitución española. Finalmente, en 1814, el ejército hispano-inglés y las guerrillas obligaron a las tropas francesas a retirarse.

El rey Fernando VII volvió al trono de España con el sobrenombre de "El Deseado". Durante su funesto reinado se perdieron las colonias americanas, se abolió la Constitución de Cádiz y volvió el absolutismo.

Francisco de Goya dibujó las terribles escenas de los fusilamientos de cientos de civiles por los soldados franceses en Madrid.

2 Mira el dibujo de Goya. Describe los hechos que habían precedido a esta escena.

Las guerras carlistas

Al morir Fernando VII, en 1833, perdidas ya las colonias del imperio, comenzó la Guerra Carlista, otra guerra de sucesión en España. Los pretendientes al trono eran Carlos (de ahí el nombre carlista) e Isabel, hermano e hija del rey respectivamente. Vencieron Isabel y sus partidarios, los liberales. Las luchas entre conservadores y progresistas no acabaron ni siquiera cuando la reina se exilió a Francia en 1868. Se trató de solucionar la crisis trayendo un rey italiano y después con la instauración de la república, lo que provocó una nueva guerra carlista (1872-1876).

América se independiza

A pesar de la censura, las ideas de la Ilustración (soberanía popular, división de poderes y libertad) llegaron a las colonias a través de la prensa y los libros. Esas ideas habían sido motor de la Revolución francesa y de la Independencia norteamericana, hechos que sirvieron de estímulo para la independencia de América Latina.

A principios del siglo XIX, la abdicación del rey Carlos IV rompió el lazo que unía a las colonias con la corona. Los criollos no sentían lealtad por el rey que había puesto Napoleón en el trono de España. Y, mientras los españoles defendían su país contra las tropas francesas, se proclamó la independencia en las colonias americanas.

En México fue un cura, Miguel Hidalgo, el que, en 1810, reclamó la independencia, además de la abolición de la esclavitud y la reforma agraria. Fue derrotado y fusilado. Luego otro sacerdote, José María Morelos, siguió su ejemplo y su destino. Fueron los primeros mártires de la independencia mexicana. México no logró su independencia hasta 1821.

El cura Miguel Hidalgo, llamado en México "el padre de la patria", retratado por el pintor mexicano José Clemente Orozco.

 3 ¿Qué hechos sirvieron de estímulo para la independencia de América Latina?

 4 ¿Qué paralelismos existen entre Miguel Hidalgo y José María Morelos?

Los libertadores

Los dos grandes nombres de libertadores sudamericanos son Simón Bolívar y José de San Martín.

Bolívar liberó Colombia, Venezuela y Ecuador y con ellos formó la República de la Gran Colombia. También ayudó a la liberación del Perú.

El sueño de Bolívar era crear unos Estados Unidos de América del Sur, pero poco antes de morir vio, desilusionado, dividirse a su Gran Colombia.

José de San Martín (1778-1850) fue el gran libertador del sur del continente. Liberó Argentina y luego participó con el general Bernardo O'Higgins en la liberación de Chile.

Si la conquista había sido rápida no lo fue menos la independencia. Apenas 14 años tardó en liberarse todo el continente, excepto Cuba y Puerto Rico que no fueron independientes hasta 1898.

Simón Bolívar, el Libertador (1783-1830)

5 ¿Qué es un libertador? Uno de los libertadores ha dado su nombre a un país latinoamericano. ¿Qué país puede ser?

Los tiempos modernos en España

Las últimas colonias

El siglo XIX termina con la pérdida, en 1898, de las últimas colonias españolas: Cuba, Puerto Rico y Filipinas. En España la riqueza de unos pocos contrasta con la pobreza de los obreros, los campesinos sin tierras y los parados. Surge un vigoroso movimiento obrero, socialista y anarquista.

En 1917 el rey Alfonso XIII llamó al general Primo de Rivera para que frenase la anarquía y pusiese orden en un país convulsionado por la inquietud social, las reivindicaciones de algunas regiones y los resultados de la guerra que España mantenía en Marruecos. No obstante, la dictadura militar no pudo solucionar la profunda crisis económica, ni las tensiones sociales.

Unas elecciones municipales, favorables a los republicanos y socialistas, indujeron al rey a exiliarse. El 14 de abril de 1931 se proclamó la República que inició unas reformas con el fin de modernizar el país. La reacción de los que se veían perjudicados por las reformas causó conflictos. En 1936, ganó las elecciones el Frente Popular, coalición de izquierda, contra el que unos meses más tarde, el 18 de julio, se produjo un levantamiento militar.

La guerra duró tres años y causó casi quinientos mil muertos.

Pablo Iglesias, fundador del PSOE (Partido Socialista Obrero Español)

2 Identifica algunos conflictos que contribuyeron a la inestabilidad en España a principios del siglo XX.

La Guerra Civil

El 18 de julio de 1936 una gran parte del ejército español, al mando de unos generales entre los que estaba Francisco Franco, se sublevó contra el Gobierno republicano. La sublevación no logró derribar al Gobierno y se inició una guerra civil entre los que apoyaban al Gobierno legal (republicanos y progresistas), y los que lo atacaban (los rebeldes fascistas y los conservadores). El ejército se dividió. Una pequeña parte permaneció leal a la República.

La opinión mundial también estaba dividida. A los sublevados o "nacionales", bajo el mando del general Franco, los ayudó la Alemania de Hitler y la Italia de Mussolini. A la República la apoyó la Unión Soviética. Las grandes democracias occidentales crearon un pacto de "no intervención" y se mantuvieron neutrales. Miles de personas fueron voluntariamente a España y formaron las Brigadas Internacionales para luchar al lado de los republicanos. La guerra terminó en 1939 con la derrota de la República y la instauración de la dictadura del general Francisco Franco.

3 En la Guerra Civil, ¿quién apoyó a los sublevados? ¿Quién apoyó al Gobierno?

La dictadura

En España la posguerra fue un periodo inestable. Se suprimieron todas las libertades democráticas y los derechos políticos y sindicales. Miles de personas fueron ejecutadas o encarceladas. La derrota del fascismo en la Segunda Guerra Mundial, y la condena del régimen español por las Naciones Unidas, hizo pensar que la dictadura de Franco se acabaría pronto, pero no fue así. En la década de los 50, España entraba en la ONU* y firmaba un convenio de cooperación con Estados Unidos.

En 1959 se inició un plan de estabilización y luego varios planes de desarrollo que en 10-15 años sacaron a España de la penuria de la posguerra. A pesar de la llamada "liberalización" del régimen y del desarrollo económico, Franco mantuvo su gobierno dictatorial de partido único, el Movimiento o la Falange. En 1962 hubo grandes huelgas en Asturias, a pesar de estar prohibidas. La oposición a la dictadura fue haciéndose más amplia. En 1969, con el fin de garantizar la continuidad de su obra, Franco eligió a su sucesor: el nieto de Alfonso XIII, Juan Carlos. Sería rey cuando Franco muriese.

Franco recibe a Eva Duarte de Perón (de Argentina) con el ejército a su lado.

4 ¿Qué caracterizó la dictadura de Franco?

5 En tu opinión, ¿cuáles son las cualidades más importantes de un líder?

La transición

El general Franco murió el 20 de noviembre de 1975 y dos días después el rey Juan Carlos I juró fidelidad a los principios del Movimiento, base política de la dictadura. Comenzó a reinar con las leyes de Franco.

Las manifestaciones populares (que exigían libertad política, amnistía para los presos políticos y estatuto de autonomía) hicieron imposible el continuismo, pero no lograron la ruptura con el pasado. Aunque en las manifestaciones hubo muertos, la transición fue pacífica.

Las primeras elecciones generales se celebraron en junio de 1977. Participaron numerosos partidos incluido el Partido Comunista de España. La victoria fue para UCD, un partido de centro, liberal, recién creado, y Adolfo Suárez, un ex-falangista, fue elegido presidente del Gobierno. Se redactó una constitución que fue aprobada en referéndum en 1978.

En 1982 se celebraron nuevas elecciones, y el triunfo socialista llevó a Felipe González a la presidencia del Gobierno. Para muchos ése fue el momento en que terminó la transición: la aceptación de un gobierno socialista. En 1996 ganó el Partido Popular (conservador) y José María Aznar fue nombrado presidente de Gobierno.

El 23 de febrero de 1981 hubo un intento de golpe militar que terminó en menos de 24 horas, con la derrota de los golpistas.

6 ¿Qué significa la transición para España?

*(Organización de las Naciones Unidas)

Cambios en el "Nuevo Mundo"

Porfirio Díaz, prototipo del dictador latinoamericano

1 La existencia de ejércitos, ¿favorece o dificulta la guerra?

Después de la independencia

El periodo que siguió a la independencia fue turbulento. La idea de Bolívar de formar los Estados Unidos del Sur no prosperó. Las grandes potencias trabajaron para que no se lograse la unidad y en pocos años los cuatro virreinatos se convirtieron en veinte países, políticamente débiles e inestables.

Además, los militares utilizaron los ejércitos con los que habían conseguido la independencia para obtener privilegios y se mezclaron con frecuencia en la vida política. Los golpes de estado convirtieron a la dictadura militar en una forma de gobierno muy común.

La independencia política, a la que había contribuido Estados Unidos con su doctrina Monroe, "América para los americanos", al impedir la intervención de los países europeos en las luchas por la independencia, desembocó en dependencia económica, primero de Inglaterra, y luego de Estados Unidos.

2 ¿Cuál era la forma de gobierno más común después de la independencia? ¿Por qué?

3 Si la doctrina Monroe contribuyó a la independencia de Latinoamérica, ¿por qué se ha convertido ahora en una doctrina criticada?

Pancho Villa con los campesinos. Hicieron suyo el eslogan "Tierra y libertad".

"Tierra y libertad"

Los peones sin tierra eran los que más sufrían la miseria. La tierra en México, por ejemplo, estaba en manos del uno por ciento de los propietarios. "Tierra y libertad" es lo que reclamaban los peones en la revolución de 1910. Los líderes campesinos, Pancho Villa y Emiliano Zapata, lograron derrocar al presidente y conseguir una nueva constitución que abría posibilidades a la democracia.

4 Busca en Internet más detalles sobre la revolución de México *www.geocities.com/ CapitolHill/7884/revmex*. Con un compañero, escoge un tema y preséntalo a la clase.

🎧 ¡Revolución!

A lo largo del siglo XX, las injusticias y la pobreza en los países latinoamericanos se han tratado de acallar o resolver por medio de dictaduras militares o revoluciones.

En Cuba, la revolución comunista encabezada por Fidel Castro triunfó en 1959 e inició una serie de grandes reformas. Para evitar que otros países siguiesen el ejemplo cubano, el presidente John F. Kennedy lanzó en los años 60 un programa de ayuda al desarrollo de América Latina llamado Alianza para el Progreso, pero no tuvo éxito.

Los años 60 fueron una década de revoluciones armadas y guerrillas que terminaron derrotadas. En 1979 la victoria de la revolución sandinista en Nicaragua y su derrota en las elecciones, años después, mostraron las insuperables dificultades para la verdadera liberación económica y social.

En los años 70 se fue haciendo más difícil el acceso a los mercados mundiales de las materias primas latinoamericanas, cuyos precios, además, bajaron. La crisis del petróleo agravó la situación y se implantaron dictaduras militares para detener la protesta social. Pero tampoco fue una solución y, en los años 80, volvieron al poder regímenes civiles que trataron de sacar adelante los países empobrecidos.

Ernesto "Che" Guevara (1928-1967), médico y revolucionario de origen argentino. Fue uno de los líderes de la guerrilla de Fidel Castro. Ahora se ha convertido en un símbolo de la revolución cubana.

5 Escoge un país hispanoamericano y explica su historia en el siglo XX. ¿Hubo una revolución? ¿Una dictadura militar?

6 El desequilibrio del reparto de la tierra, ¿justifica la revolución? ¿También en países democráticos?

Derechos humanos

Las violaciones de los derechos humanos en América Latina han sido muy numerosas. En la defensa de las víctimas o la denuncia de los criminales han destacado personas de todo tipo. El Premio Nobel de la Paz, distinguió a dos de ellos: en 1980 al argentino Pérez Esquivel y en 1992 a la guatemalteca Rigoberta Menchú.

Rigoberta Menchú recibió el Premio Nobel de la Paz en 1992.

¿Quién gobierna?

 1 ¿Quién manda en tu país? ¿Qué tipo de gobierno es?

España hoy

La Constitución de 1978 define a España como un Estado de Comunidades Autónomas. Hay 17 comunidades en total (páginas 64-65).

España es una Monarquía Parlamentaria. El parlamento bicameral, las Cortes, está formado por el Congreso de los Diputados, que tiene 350 diputados, y el Senado, 255 senadores. El presidente del Gobierno es nombrado por el Parlamento. El rey tiene un papel más representativo.

La Familia Real. El rey Juan Carlos I y la reina Sofía con sus tres hijos (Elena, Cristina y Felipe), sus yernos y su nieto.

2 Con un compañero, compara el sistema político español con el de tu país.

3 Mira la foto de la manifestación en Madrid. ¿Qué significa la pancarta? Busca en Internet más detalles sobre ETA *espanol.yahoo.com* y luego escribe "ETA".

Los partidos políticos

Los partidos políticos más importantes son:

- el PP (Partido Popular), conservador
- el PSOE (Partido Socialista Obrero Español)
- IU (Izquierda Unida)

Además hay importantes partidos nacionalistas:

- CiU (Convergència i Unió) en Cataluña
- PNV (Partido Nacionalista Vasco) en el País Vasco

España en el mundo

España es miembro de las más importantes instituciones internacionales como la ONU (Organización de las Naciones Unidas) y sus organismos especializados como Unesco, Unicef, FAO y OMS (Organizacion Mundial de la Salud).

En 1985 España firmó el tratado de ingreso en la Comunidad Europea (hoy Unión Europea) y en marzo del año siguiente se ratificó, en referéndum, su permanencia en la OTAN (Organización del Tratado del Atlántico Norte).

España siempre ha tenido, debido a la historia y a la hermandad lingüística y cultural, buenas relaciones con Hispanoamérica. En la actualidad, estas relaciones son muy intensas debido a que España es para los países hispanoamericanos el puente de unión natural con Europa y una posibilidad de ayuda financiera y técnica.

BASTA YA ETA NO

Para los españoles los problemas más graves del país son el terrorismo, el paro y la droga. El movimiento independentista vasco, ETA, ha sido el autor de casi todos los atentados terroristas en España.

Hispanoamérica hoy

Hoy día Hispanoamérica disfruta de paz. Las guerrillas que luchaban contra las dictaduras en los 70 y que eran un factor de inestabilidad han firmado la paz en Guatemala, El Salvador y Nicaragua y ahora están negociando la paz en Colombia y Perú.

En la actualidad la mayoría de los países hispanoamericanos son repúblicas presidencialistas, excepto Cuba que mantiene su república de partido único socialista. En casi todos los países se acepta el principio de la no reelección presidencial por dos mandatos seguidos.

El cambio en los últimos años ha sido espectacular. Si en la década de 1970 la dictadura era la forma de gobierno más corriente, hoy es la excepción. En todos los países salvo Cuba existe la democracia, aunque sea con deficiencias. Son democracias sin arraigo que reciben nombres como "democracia vigilada y confiscada". La debilidad institucional lleva al poder personal, como en el caso del presidente Alberto Fujimori, en Perú.

Hugo Chávez

En Venezuela, Hugo Chávez, un coronel que intentó hace unos años dar un golpe de estado, ganó en 1999 las elecciones presidenciales con una gran mayoría debido, fundamentalmente, a la increíble corrupción y desprestigio de los políticos. También su reforma de la Constitución fue aprobada en un referéndum.

 4 ¿Qué tipos de gobiernos hay en Hispanoamérica?

5 ¿Quién puede votar cuando hay elecciones en tu país? ¿Existe alguna restricción?

Aunque en Hispanoamérica sigue existiendo el problema de la pobreza, hay una minoría que considera satisfactoria su situación económica.

En camino

Los problemas originados por la crisis económica de Hispanoamérica son graves y son muchos:

- el paro que, en algunos países, llega al 30 por ciento de la población activa
- el analfabetismo, inexistente en países como Costa Rica y Cuba, llega a casi el 40 por ciento en Honduras
- la alta mortalidad infantil
- la lamentable situación de la vivienda para millones de personas
- la explotación de la mano de obra infantil
- el deterioro del medio ambiente
- el narcotráfico y la criminalidad que este implica

Sin embargo, el asentamiento de la democracia y la paz en Hispanoamérica son signos alentadores. Además, la incorporación de México al TLC (Tratado de Libre Comercio), en 1993, con Estados Unidos y Canadá y los intentos de ampliarlo a los países de Centroamérica indican la confianza en que la cooperación contribuya a solucionar los problemas económicos. Los mismos esfuerzos están realizando los países del cono sur (Argentina, Paraguay, Uruguay y Brasil) con el Mercosur (Mercado Común del Sur), creado en 1991.

 6 Lee la lista de los problemas actuales en Hispanoamérica. Escoge uno y busca más información sobre el tema.

Productos españoles

La economía

Hoy día España, por su PIB (producto interior
bruto), es el décimo país más rico del mundo.
Aunque su renta per cápita apenas llega al 75 por
ciento de la media de la Unión Europea (UE), y a
pesar de la existencia de bolsas de pobreza, la
España miserable de los años 40 ya es historia.

En los últimos 50 años, el país, que tenía el 45
por ciento de la población activa trabajando en la
agricultura, se ha transformado
radicalmente. Ahora más del 80 por ciento
de la población activa trabaja en la industria
y los servicios.

*El 60 por ciento de la población activa trabaja en el
sector de servicios, ya sean públicos (administración
del estado, salud pública, enseñanza) o privados
(turismo, hostelería).*

En 1959 se inició un plan de
estabilización para sanear la economía y
abrirla al mundo. Los parados emigraron a
una Europa cuya industria necesitaba mano
de obra. Por aquellos años comenzaron a
llegar turistas. La combinación de estos tres
elementos (planes de desarrollo,
crecimiento del turismo y el dinero que
enviaban los emigrantes) facilitó la
industrialización del país.

También se permitió la entrada al capital
extranjero. Hoy las multinacionales son
tan corrientes en España como en el resto
de Europa.

España importa...	España exporta...
petróleo	automóviles
soja	fruta y verduras
café	vino
maíz	aceite de oliva
carbón	hierro y acero
materias primas	productos químicos
químicas	barcos
madera	cemento
maquinaria	zapatos
productos eléctricos	

*Casi un 65 por ciento del comercio exterior se realiza con la
Unión Europea (UE).*

*Las pequeñas tiendas tienen dificultades para sobrevivir ya
que la gente se está acostumbrando a comprar en grandes
superficies.*

La industria

El norte ha sido la zona tradicionalmente más industrializada, pero la exitosa política de crear otros centros de desarrollo ha cambiado el mapa industrial del país. A partir de los años 60, Madrid se convierte en una zona muy industrial.

El ingreso en la Comunidad Europea (hoy Unión Europea) en 1986 fue un impulso para la reconversión industrial, es decir, la transformación o cierre de empresas anticuadas y la inversión en el campo de la alta tecnología.

En los últimos años, la energía hidroeléctrica se ha convertido en una de las principales fuentes de energía. Sin embargo, España sigue produciendo grandes cantidades de carbón. La minería es muy variada; incluye hierro, plomo, mercurio y cobre.

Además, España es el sexto productor de automóviles del mundo y exporta la mitad de su producción. La marca SEAT es la más conocida.

En los últimos años, ha habido cambios enormes en el transporte. El AVE, el tren de alta velocidad que alcanza los 250 kilómetros por hora, une Sevilla con Madrid.

4 ¿Qué industrias son fuertes en España hoy?

5 ¿Qué efecto tuvo el ingreso de España en la Comunidad Europea?

Frutos de la tierra

Hace 30 años, la agricultura, la ganadería y la pesca constituían la base de la economía española. En estos sectores trabajaba el 40 por ciento de la población activa. Hoy estas cifras han caído hasta casi el 15 por ciento.

Los principales productos agrícolas son cereales (trigo - especialmente cebada y maíz), fruta (naranjas, manzanas, peras, melocotones y plátanos), verduras, olivas, vino, tabaco y miel. También podemos incluir el algodón y la seda.

Ovejas y cerdos son los principales productos de la ganadería. La producción de leche está concentrada en el norte del país.

La pesca es una actividad económica básica. La flota pesquera española es una de las más grandes del mundo. Los puertos de pesca más importantes están en Galicia.

6 Mira la lista de lo que exporta España (página 24). ¿Cuáles de los productos mencionados serían útiles para una empresa que:

a **fabrica sillas y mesas de madera y metal?**

b **construye rascacielos?**

c **prepara alimentos como la mermelada y las conservas de pescado?**

España es el primer exportador del mundo de naranjas y otros cítricos. Los árabes introdujeron las naranjas en España hace mil años.

Productos hispanoamericanos

1 ¿Qué productos hispanoamericanos? conoces? ¿Los has comprado alguna vez?

Vida económica

Después de que los españoles saquearon las riquezas naturales del Nuevo Mundo durante la época colonial, las explotaron empresas extranjeras, inglesas y norteamericanas fundamentalmente.

A finales del siglo XIX y principios del XX la agricultura de los países hispanoamericanos, recién independizados de España siguió con el monocultivo. Es decir, en cada país se cultivaba un sólo producto para la exportación en lugar de los necesarios para la vida de los habitantes. En Cuba era la caña de azúcar, en América Central plátanos y café, en Colombia café y en Argentina trigo y carne.

Como durante la colonización, los nuevos países de Hispanoamérica establecieron relaciones económicas con países exteriores y no entre ellos. En esos años había en el mundo un gran mercado para los productos de la minería y los agropecuarios. Los grandes latifundistas, los ganaderos y las empresas mineras extranjeras hicieron grandes fortunas, pero los peones sin tierra y los mineros siguieron en la misma situación de pobreza.

Hoy la agricultura, la ganadería y la pesca, así como la producción minera, siguen siendo básicas para la economía de Hispanoamérica. Venezuela, por ejemplo, tiene además del petróleo, unos riquísimos yacimientos de hierro. Pero ahora los precios están muy bajos y la prosperidad ha desaparecido.

2 ¿Por qué fue la tradición del monocultivo una desventaja en el pasado?

3 Mira la tabla. ¿A qué sector pertenecen los productos? a) minería b) agricultura c) pesca d) ganadería

Las largas costas y la corriente de Humboldt hacen de Perú una de las grandes potencias pesqueras del mundo.

Inspeccionando cafetos en Costa Rica.

Posición de algunos países hispanoamericanos en la estadística mundial

México	1° productor de plata
Colombia	2° productor de café
Chile	2° productor de cobre
Venezuela	3° productor de petróleo
Ecuador	4° productor de plátanos
Argentina	5° productor de carne bovina

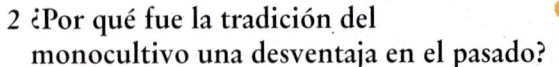

Un mercado atractivo

Hoy las grandes industrias hispanoamericanas son de las multinacionales. Los países de Hispanoamérica atraen a empresas extranjeras, ya que la mano de obra es muy barata, hay menos gastos y pocas reglas.

El sector de los servicios no está muy desarrollado y no es muy productivo. Sin embargo, en algunos países, sobre todo en el Caribe y en México que atraen a mucha gente de los Estados Unidos, el turismo empieza a tener importancia económica.

También hay que tener en cuenta la amplitud de la economía informal, sumergida. Se trata de trabajos hechos a domicilio o en familia.

Hoy en día el pesimismo domina en los análisis de futuro que hacen los especialistas. Bajan los precios de los productos agropecuarios y de las materias primas, lo que exportan, y aumentan los precios de los productos industriales, lo que importan.

Ahora se habla mucho de la inmensa deuda externa (el dinero que deben los países del continente a otros países) como el mayor obstáculo del desarrollo económico. Pero también comienza a hablarse de la cooperación entre los países latinoamericanos para salir de la crisis: en 1991, por ejemplo, los países del cono sur formaron el Mercosur; y en 1993 México se incorporó al TLC (Tratado de Libre Comercio) con los Estados Unidos y Canadá.

En Hispanoamérica más del 50% de la población económicamente activa trabaja en el sector informal de la economía.

4 ¿Qué es el Mercosur? ¿Cómo puede cambiar el comercio de América Latina? Busca más detalles en Internet *www.guia-mercosur.com.*

El éxodo campesino

La existencia de latifundios y minifundios improductivos y la falta de tierra siguen provocando la emigración del campo a la ciudad. Los campesinos huyen no sólo de la miseria sino de la violencia que impera en el campo.

Esa es la causa del crecimiento de las ciudades. En Ciudad de México, con sus 20 millones de habitantes, viven millones en suburbios infrahumanos. Es hoy la ciudad más populosa del mundo y una de las más contaminadas.

Para muchos el camino de la emigración no se detiene en la ciudad sino que tiene como meta el rico vecino del norte y, en estos momentos, los puertorriqueños, cubanos, mexicanos y centroamericanos constituyen una de las minorías más importantes de Estados Unidos.

5 ¿Qué busca la gente que emigra de los países hispanoamericanos a los Estados Unidos?

El director de cine español J.L. Borau trató en su película, Rio Abajo, *el tema de los "espaldas mojadas" (las personas que cruzan ilegalmente el Río Grande, frontera entre México y los EE UU).*

Trabajo y descanso

Aunque con sus limitaciones, en España el Estado proporciona a sus ciudadanos una enseñanza gratuita y, por medio de la Seguridad Social, una protección ante las desgracias sean accidentes, enfermedades o paro (desempleo). También garantiza pensiones a los ancianos y cuatro semanas de vacaciones pagadas al año.

1 ¿En qué te gustaría trabajar? ¿Por qué?

¿Quién trabaja?

En España trabaja un porcentaje menor de la población total que en otros países europeos: el 55 por ciento de la población de entre 16 y 64 años (más del 70 por ciento en Suecia).

Los porcentajes de la población activa son más o menos como los de otros países europeos. El 9 por ciento trabaja en la agricultura, el 31 en la industria y el 60 en los servicios.

En Hispanoamérica las cifras varían mucho de un país a otro, pero la agricultura todavía mantiene altos porcentajes de ocupación y los servicios no han alcanzado cifras altas.

En España, y sobre todo en Hispanoamérica, la economía informal o sumergida representa un alto porcentaje. Se dice que en España llega hasta el 15-20 por ciento del PIB (producto interior bruto).

La incorporación de la mujer al trabajo fuera de casa ha sido muy importante. Hace sólo 30 años la participación de la mujer en la vida civil o profesional de España o Hispanoamérica era muy baja.

2 ¿En qué sectores trabajan los españoles? Compara los porcentajes a los de tu país. Busca unas cifras en Internet.

3 ¿Para qué sirve la Seguridad Social? Explica las ventajas. ¿Hay también desventajas?.

La incorporación de la mujer a la vida laboral de hoy es un gran cambio en España e Hispanoamérica (arriba).

Paro

Las cifras del paro de España son muy altas y es uno de los problemas más graves del país. Van mejorando pero todavía llegan al 15 por ciento de la población activa, es decir, más de 2 millones y medio de personas. Además es inquietante la situación contractual. Se firman contratos de una semana o un mes (llamados *contratos basura*) que crean una situación de gran inseguridad laboral.

En Hispanoamérica la situación es aún peor: el paro es más alto, los contratos precarios y el subsidio de desempleo no está tan extendido. A pesar de ello, está muy generalizado el trabajo infantil en condiciones a veces penosas.

4 Compara la situación del paro en España y Hispanoamérica. ¿Qué factores contribuyen al problema?

Sindicatos

La afiliación a sindicatos es baja en España. Con el paro alto y los contratros basura no hay mucho interés en sindicarse ya que se corre el peligro de las represalias. En Hispanoamérica los dirigentes sindicales corren peligro de represalias más graves. Los sindicatos tienen importancia en grandes empresas pero no en las pequeñas. Los más importantes de España son la UGT (Unión General de Trabajadores) y CC OO (Comisiones Obreras).

La jornada laboral

Aunque el horario de los españoles e hispanoamericanos va cambiando, la gente aún se acuesta muy tarde y no se levanta muy temprano. En España se trasnocha más que en el resto de Europa.

Generalmente, la jornada laboral española está dividida en dos por la comida. Se trabaja desde las ocho o nueve de la mañana hasta la una o las dos de la tarde y desde las tres o cuatro hasta las seis o siete de la tarde.

Las tiendas cierran a la una y media. No cierran los bancos, ni las oficinas públicas ni las empresas privadas que tienen jornada continuada, es decir, sin interrupción para la comida y que no abren por la tarde. En algunos lugares se ha establecido el horario flexible. En los colegios también se está imponiendo la jornada continuada.

En verano, todos los trabajos (excepto las tiendas) tienen jornada continuada. Y algunas personas aprovechan para dormir la siesta o "echar una cabezadita", costumbre que los tiempos modernos van eliminando.

❮❮ Llevo tres años en Madrid trabajando de gerente en una empresa de informática. Trabajo de 9 a 1:30 y vuelvo a casa al mediodía para comer con mi familia. Luego regreso al trabajo a las 4:30. Acabo a las 8. Normalmente llego a casa a las 8:30 y luego cenamos a las 9:30. Se me hace un día muy largo pero me encanta mi trabajo. ❯❯

En Hispanoamérica hay espléndidas zonas de veraneo, por ejemplo, Viña del Mar, (Chile) Punta del Este (Uruguary, arriba), Varadero, (Cuba) y Acapulco (México).

5 Haz un esquema de tu rutina diaria. Luego compáralo con el de la mujer española (arriba).

De vacaciones

Los trabajadores españoles tienen un mes de vacaciones pagadas y las toman generalmente en agosto. Las pasan en su segunda residencia, en apartamentos alquilados, en hoteles o en campings. Algunos aún tienen raíces en sus pueblos de origen y allí veranean con la familia.

Por lo general, ni los españoles ni los hispanoamericanos suelen salir mucho al extranjero. Pero en los últimos años esto va cambiando y las agencias de viajes han aumentado su oferta a nuevos destinos tanto en Europa como en Cuba y el Caribe.

6 Con un compañero, describe unas vacaciones ideales. ¿Dónde te gustaría ir? ¿Por cuánto tiempo?

Seguridad del Estado

Un guardia de la marina en la República Dominicana.

 1 ¿Existe el servicio militar en tu país? ¿Es obligatorio? ¿Para quién?

El ejército

Los militares han tenido un gran papel en la historia de España: en la Reconquista, en la conquista de América y en las guerras de religión. Pero es en el siglo XIX, tras la pérdida de las colonias y las guerras carlistas, cuando comienzan a mezclarse en la vida política.

El ejército fue la fuerza con que se derribó a la República y el principal apoyo al régimen de Franco. Durante los primeros veinte años de la dictadura el 40 por ciento de los ministros eran generales. Al entrar en un periodo democrático después de la muerte de Franco, algunos militares expresaron su descontento en un golpe de Estado en 1981. Pero hoy el ejército español se considera satisfecho y se mantiene obediente al poder civil.

Las Fuerzas Armadas están formadas por el Ejército de Tierra, la Armada y el Ejército del Aire.

2 Describe el papel del ejército en España en el siglo XX. ¿Cómo ha cambiado?

La "mili"

En España, la "mili" (el servicio militar) es obligatoria para todos los hombres a partir de los 18 años. Desde hace unos años existe el objetor de conciencia, un joven que acepta un servicio a la sociedad como sustitutorio del militar. También ha aparecido el insumiso, el que no acepta el servicio militar ordinario ni el sustitutorio. El 31 de diciembre del año 2002 ya no habrá servicio militar obligatorio en España; el país tendrá un ejército profesional.

En Hispanoamérica los ejércitos fueron muy importantes tanto para mantener el poder de España sobre las colonias como para, más tarde, conseguir la independencia. Luego, desde principios del siglo XIX hasta nuestros días, los militares se han mezclado en la vida política por medio de golpes de Estado y el establecimiento de dictaduras. Costa Rica es el único país de Hispanoamérica donde no existe el servicio militar.

3 Busca más información sobre los ejércitos en Argentina, Chile o Venezuela y haz una presentación. Escoge uno de los siguientes sitios en Internet: 1) *www.ejercito.mil.ar* 2) *www.ejercito.cl* 3) *www.ejercito.mil.ve.*

4 ¿Estás de acuerdo con los que están contra los ejércitos? Sí o no, explica por qué.

La policía

En España hay varios tipos de policía. La Policía Nacional, uniforme azul, mantiene la ley y el orden en las ciudades, vigila los edificios públicos y se ocupa de la inmigración (control de pasaportes). La Policía Municipal, uniforme azul marino y camisa azul claro, se ocupa de pequeños delitos, tráfico y aparcamiento en las ciudades.

La Guardia Civil, uniforme verde, es una organización paramilitar que se ocupa del orden en áreas rurales y vigila las fronteras y las costas. Es el principal instrumento de la lucha contra el terrorismo y, por ello, el objetivo de muchos atentados de ETA.

En América Latina las fuerzas de seguridad, sobre todo la policía, están desprestigiadas por la violencia y la prepotencia en sus actuaciones y, en algunos países, por los escándalos que se han descubierto de policías corrompidos por el narcotráfico.

La policía de México se ocupa también de controlar el tráfico en carretera.

5 **¿Cuáles son los tres tipos de policía española? ¿De qué se ocupan? Da algunos ejemplos.**

El poder judicial

España es un Estado de derecho regido por leyes y los tribunales velan por su cumplimiento. La Constitución garantiza la independencia de la justicia.

En los países hispanoamericanos existe una estructura jurídica similar, aunque con terminología algo diferente: se dice Corte Suprema en lugar de Tribunal Supremo, por ejemplo.

6 **¿Tiene constitución tu país? ¿Hay una figura comparable al defensor del pueblo? (ver abajo).**

7 **Los españoles, ¿qué quejas tienen con el Estado? ¿Son justificadas?**

La administración pública

Los españoles siempre han sido escépticos al juzgar el funcionamiento de la administración. Esta actitud está cambiando y, en todo caso, los progresos de los últimos años son apreciables y los españoles consideran que la burocracia funciona, mejor la estatal que la de las comunidades autónomas.

Aunque la presión fiscal es una de las más bajas de Europa, los españoles se sienten explotados por el Estado. Los motivos son: la baja calidad de los servicios públicos, sobre todo en salud pública y justicia; y el deficiente funcionamiento de los funcionarios.

El sistema español

El **Tribunal Constitucional** es el órgano supremo que decide los casos de posible violación de derechos recogidos en la Constitución.

El **Tribunal Supremo** es el órgano superior de la jurisdicción ordinaria que está dividida en civil, penal, contencioso administrativa y social/laboral.

En cada autonomía hay un **Tribunal Superior de Justicia.** Debajo de ellos están las Audiencias provinciales y los diferentes Juzgados.

Hay también un tribunal en Madrid, **la Audiencia Nacional,** que se ocupa de los delitos de narcotráfico, terrorismo y otros especiales.

Existe la figura del **Defensor del Pueblo** para defender a los ciudadanos de las injusticias de la administración.

El **Consejo Superior del Poder Judicial** es el gobierno del poder judicial.

Instituciones

1 ¿Qué es lo que más te interesa en la vida? ¿El dinero, la familia…? ¿Por qué?

Aunque un 90 por ciento de la población española es católica, sólo un 25 por ciento va a misa los domingos. Durante las fiestas religiosas (Navidad, Semana Santa) se va más a la iglesia.

La Iglesia católica

La Iglesia católica comenzó a ser un factor de poder en España ya desde la Reconquista. Intervino decisivamente en la conquista de América tanto en la cristianización de los indios como en su defensa. Luego, en 1808, se puso al lado del pueblo español en su lucha contra la invasión francesa. Durante siglos ha tenido gran influencia en los reyes por medio de confesores y consejeros.

La Iglesia aprobó la insurrección de Franco contra la República. Franco proclamó a España monarquía católica, sin rey, y al catolicismo, religión de Estado. Se prohibieron las demás religiones. Al final de la época de Franco algunos curas y obispos progresistas, especialmente después del Concilio Vaticano II, criticaron la dictadura.

Cuando en 1978 España aprobó la Constitución se separó la Iglesia del Estado y ahora existe una libertad religiosa total. Un ejemplo: hace unos años se construyó en Madrid una gran mezquita antes, incluso, de haber terminado la catedral católica de la Almudena.

Se ha producido una cierta secularización del país aunque existen todavía un gran número de colegios religiosos. En la última reforma educativa se eliminó la enseñanza obligatoria de la religión católica. En los últimos años la Iglesia ha perdido importantes batallas: planificación familiar, aborto y divorcio.

En Hispanoamérica, la Iglesia católica tuvo, desde su llegada al continente, dos caras. Una era la de la iglesia unida al conquistador que evangelizaba a los indígenas a la fuerza, bendecía la eliminación de las religiones indias y la destrucción de sus templos, y que, más tarde, apoyó los intereses de los latifundistas y del poder. La otra era la de la iglesia protectora de los indígenas y de los esclavos negros, la que impulsó las Leyes de Indias, en defensa de los indios. Este último papel es el que encabezó la lucha por la independencia en México.

Hoy parte de la Iglesia católica se pone al lado de los pobres y se identifica con la teología de la liberación.

2 ¿Cuál es el papel de la iglesia Católica en España hoy día?

3 Describe el papel de la iglesia Católica en Hispanoamérica.

Las ONG

En los últimos diez años las siglas ONG (Organización No Gubernamental), prácticamente desconocida, se ha convertido en algo que no necesita presentación. Es sinónimo de la generosidad y la entrega de los jóvenes a causas solidarias. Las hay de muchos tipos pero la mayoría dedican sus esfuerzos al voluntariado orientado a ayudar a los países subdesarrollados. La exigencia de que el Gobierno español entregue el 0,7 por ciento del PIB como ayuda al desarrollo es una de las reivindicaciones que unen a todas las ONG.

Médicos sin fronteras lleva ayuda médica a las zonas conflictivas más pobres del mundo y esa tarea fue el motivo por el que el Parlamento noruego les concedió el Premio Nobel de la Paz en 1999.

4 ¿Sabes algo de la ONG *Médicos sin fronteras*? ¿Conoces otras ONG? ¿Cuáles son y qué hacen?

'Chabolas' en una zonas pobre de Colombia

Una casa de lujo en Punta del Este, Uruguay

Nuevas clases

La tradicional división de clases española (latifundistas ricos y campesinos pobres) comenzó a cambiar a mediados del siglo XIX con la industrialización. Se desarrolló un fuerte movimiento obrero (anarquista y socialista) y potentes sindicatos. Pero hasta finales de los años sesenta no empezó a aparecer una amplia clase media; eran los ejecutivos, los técnicos y los altos cargos de las nuevas empresas creadas por el desarrollo.

En los años 80, la clase media, ya bien asentada, que basa su bienestar en el trabajo, vio cómo surgían nuevos grupos cuya riqueza se basaba en la especulación, influencias en el Gobierno y contactos con la banca. Es lo que se llamó la "cultura del pelotazo". Ahora, con los procesos judiciales a los más destacados representantes de ese fenómeno, parece que ha perdido prestigio y fuerza.

5 ¿Cuáles son las diferencias entre las clases en España y en Hispanoamérica?

6 Mira las dos fotos y describe las diferencias entre ellas.

En América Latina las diferencias sociales son abismales. Se hacen casi intolerables por la absoluta miseria de los muchos pobres y la increíble riqueza de los pocos ricos. En países como Chile, Argentina, Costa Rica, Uruguay, México y algún otro, la existencia de una clase media, aunque no sea tan amplia y próspera como la de España y haya sufrido fuertemente las crisis, suaviza los conflictos y es una garantía de estabilidad.

Medios de comunicación

1 ¿Lees normalmente algún periódico o alguna revista? ¿Cuál prefieres leer? ¿Por qué?

La prensa

…en España

Los cambios en la vida política de España han tenido gran influencia en la prensa. Hasta la muerte de Franco la censura fue la causa de la baja calidad de los periódicos. A partir de finales de los 60, algunas revistas semanales cumplieron una función importante en la lucha contra la dictadura de Franco.

Con la llegada de la democracia en 1975, la prensa se ha transformado y hoy en día hay periódicos de alta calidad, por ejemplo *El País,* fundado en 1976 y que ahora tira 400.000 ejemplares. Tiene fama de ser un diario objetivo y serio. Los diarios *La Vanguardia* de Barcelona y *ABC* de Madrid son también periódicos de prestigio en España. También hay varios diarios deportivos. El más conocido es *Marca* que publica tantos ejemplares como los tres periódicos más grandes del país juntos.

Un quiosco de prensa en Madrid

…en Hispanoamérica

En Hispanoamérica la prensa diaria adquirió fuerza en el siglo XIX y se crearon grandes periódicos. Argentina y México han tenido importantes periódicos y grandes periodistas. *El Nacional* de Caracas, el *Excélsior* de México, *El Mercurio* de Chile, *La Nación* y *Clarín* en Argentina han sido, y siguen siendo, excelentes periódicos. En Cuba hay un periódico oficial, *Granma*, de escasa calidad. Hay en todos los países hispanoamericanos revistas de información general. *El Gráfico* es un gran semanario deportivo argentino.

Debido a la tremenda historia de violencia y dictadura, la prensa hispanoamericana ha sufrido mucho y muchos periodistas opositores han sido encarcelados y asesinados.

2 Hoy día muchos periódicos y emisoras tienen 'sitios' en Internet. Busca algunos de España o Hispanoamérica *espanol.yahoo.com.*

La radio

En España se escucha mucho la radio. Es el medio de información preferido por los españoles. Hay una radio pública, *Radio Nacional*, que tiene diferentes programas (noticias, de música clásica o juvenil) y muchas emisoras privadas. Los domingos todas las emisoras dedican seis o siete horas a la Liga de fútbol.

Las emisoras privadas *SER, COPE* y *Onda Cero* tienen programas de información política y debate social muy escuchados, con periodistas conocidos como Iñaki Gabilondo y Luis del Olmo. *Los 40 principales* es el programa preferido por los jóvenes y el más escuchado en España.

En Hispanoamérica la información de la radio es muy importante, sobre todo en las zonas de alto analfabetismo, y hay muchas radios nacionales y privadas.

3 ¿Escuchas la radio? ¿Qué programas te gustan?

La televisión

...en España

Los españoles son los ciudadanos de Europa que más televisión ven. Aunque muchos dicen que la ven poco, por ser una actividad social casi inconfesable, todo el mundo discute los programas televisivos. Los máximos teleadictos son los jubilados y las clases bajas.

La TVE (televisión pública española) tiene dos canales financiados con contribuciones del Estado además de publicidad. Desde hace unos años hay tres canales de televisión privados. *Canal + (Canal Plus)* es un canal de pago. Los otros dos, *Antena 3* y *Tele 5*, se financian con publicidad.

Algunas comunidades autónomas tienen televisión propia, entre ellas el País Vasco, Cataluña, Galicia, Madrid y Andalucía. Hay programas en las lenguas regionales: vascuence, catalán y gallego.

La televisión emite en España las 24 horas del día. En 1998 *Canal +* puso en marcha la televisión digital y ahora hay dos plataformas digitales con una apabullante oferta de programas, especialmente cine, fútbol, documentales y noticias. Telediarios, fútbol, series estadounidenses (dobladas en español), fútbol, tertulias, fútbol, y concursos y más concursos constituyen la programación televisiva habitual en España.

...en Hispanoamérica

En Hispanoamérica la televisión está muy extendida. En los barrios pobres se ven antenas de televisión en chabolas que no tienen agua corriente. Hay poderosas empresas de televisión como *Televisa* en México.

Los programas están dominados, como en España, por telenovelas, llamadas *culebrones* en Hispanoamérica, series norteamericanas, concursos y retransmisiones deportivas, sobre todo fútbol.

6 ¿Qué es un 'culebrón'? Explica los temas típicos de este tipo de programa.

7 ¿Cuáles son los programas más populares en México hoy? Busca en Internet *www.televisa.com*.

Hay muchas familias españolas que pasan horas delante del televisor.

4 ¿Cuántos canales de televisión hay en España? ¿Y en tu país? ¿Son financiados por publicidad o por otro medio?

5 ¿Miras mucho la televisión? ¿Cuáles son tus programas favoritos?

❝ Soy colombiana pero hace años que vivo en Miami. Veo todos los días los programas de *Univisión*, una cadena de televisión que emite en español. Es mi emisora favorita y la de casi todos mis amigos, la que más se ve en Florida, más que ABC, CBS o NBC. ❞

Vida familiar

1 Describe tu familia. ¿Hay días especiales que celebras con toda la familia? ¿Cuáles son?

🎧 En familia

Las familias españolas e hispanoamericanas viven bastante unidas. No es raro que los padres, sobre todo al quedar viudos, sigan viviendo con sus hijos y los hijos de éstos.

Las familias (padres, hermanos, cuñados, tíos, primos, sobrinos) se reúnen en muchas ocasiones: fiestas, comidas o tardes de domingos, cumpleaños, santos, bautizos, Navidades, comuniones, bodas y entierros.

Como el índice de natalidad va disminuyendo, las familias españolas ya no son tan numerosas como antes y las reuniones familiares tienden a hacerse más pequeñas.

En Hispanoamérica, a pesar de la alta tasa de mortalidad infantil que hay en muchos países, sigue creciendo la población.

2 ¿Cómo se celebra una boda en tu país? Compárala con una boda en España.

3 ¿Hay días de la semana que sueles pasar con tu familia? ¿Vienen todos?

En Hispanoamérica, los niños hacen la confirmación hacia los 13-14 años, generalmente en el mes de mayo, en ceremonias colectivas organizadas por los colegios, y constituye una gran fiesta familiar.

Las parejas españolas e hispanoamericanas se casan generalmente "por la iglesia" (boda católica) pero se va extendiendo la fórmula de matrimonio civil, sin ceremonia religiosa. A partir de 1982 es posible el divorcio en España.

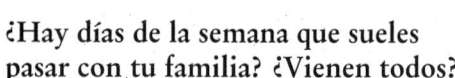

Los domingos

Los domingos se dedican a vida familiar. El domingo, además, es el día en que los católicos van a misa. Todos van bien vestidos ("endomingados", se decía hace unos años) sobre todo los niños. Luego se da un paseo, se toma el aperitivo, se compran dulces para el postre y se come en familia.

Un bautizo con el niño bien elegante.

¿Cómo te llamas?

Los nombres más corrientes son los de santos y los de la Sagrada Familia: Jesús, José y María. Es muy corriente encontrar hombres que se llaman Jesús o José María y mujeres que se llaman María Jesús o María José.

Los nombres de mujer más comunes son los que recuerdan algún momento de la vida de Virgen María o forma de invocarla: María de las Mercedes, de la Soledad, del Rosario, del Pilar. Se suele utilizar sólo la segunda parte: Soledad, Pilar, Mercedes.

En los últimos años la televisión va convirtiéndose en proveedora de nombres y se empiezan a encontrar, sobre todo en mujeres, nombres de protagonistas de series populares de la tele o de actrices, como Jenifer y Vanesa.

Los españoles tienen dos apellidos: el primero es el del padre y el segundo el de la madre. En las cartas se escriben los dos apellidos. Es muy práctico para distinguir los innumerables Pérez, Rodríguez o Jiménez.

 4 ¿Tiene un equivalente tu nombre en español? ¿Cuál es?

Versiones familiares

Se emplean mucho las versiones familiares de ciertos nombres:

Nombre	Versión familiar	Para sus amigos
Francisco	Paco	Paquito
José	Pepe	Pepito
Rosario	Charo	Charito
Dolores	Lola	Lolita

Os comunicamos junto con nuestros padres, que nos casaremos el día 6 de diciembre, a las 6 de la tarde, en la Iglesia Parroquial del Corazón de María (Avda. de Goya, n.º 63).

Os invitamos a que participéis de nuestra felicidad.

Miguel Taboada Echeverría
María Tabuenca Aured

Septiembre 2000

Una invitación de boda. En España la mujer no pierde su apellido al casarse pero puede añadir al suyo el del marido. Después del matrimonio esta mujer se llamará María Tabuenca de Taboada.

 5 Mira la invitación a la boda. Díle a un compañero tu nombre en la forma española (con dos apellidos).

Comida y bebida

La tortilla de patatas (o tortilla española) se hace con huevos, patatas y cebolla.

1 ¿Has probado algún plato español o hispanoamericano? ¿Cuál es el que más te gusta? ¿Por qué?

¿Qué se come?

La cocina española es muy variada. Cada región tiene sus especialidades. En la costa el ingrediente principal de los platos regionales es el pescado: el "pescaito" frito de Andalucía, la zarzuela de pescado catalana, la merluza a la gallega o el bacalao a la vizcaína en el País Vasco.

En el interior, la carne más apreciada es la de cordero. También el cochinillo (cerdo de pocos meses) asado al horno es un plato muy típico. El jamón es uno de los alimentos preferidos de todos los españoles.

En la mayoría de las regiones existe un guiso, muy similar en todas, que lleva legumbres (garbanzos o judías) y carnes (tocino, chorizo y morcilla). Los más apreciados son la fabada asturiana y el cocido madrileño. En zonas cálidas como Andalucía se toma una sopa fría de vegetales: el gazpacho.

La mayoría de la población sigue lo que ahora se llama "dieta mediterránea" rica en pescado, legumbres, frutas y verduras, y se cocina con aceite de oliva. En España se come acompañando la comida con pan y vino. El pan más corriente es el blanco, de trigo, aunque comienza a venderse el integral.

2 ¿Cuáles son los ingredientes típicos de un plato español?

Las tapas

Las tapas, pequeñas raciones de comida, son una singularidad de los bares españoles. Las tapas son porciones de jamón, calamares fritos, tortilla de patatas, ensaladilla rusa, gambas, pimientos rellenos, etc. Las tapas se comen de pie, junto a la barra, acompañadas de un vaso de vino o una cerveza, como aperitivo. A veces sustituyen a la cena.

¿Qué tomas?

A las ocho de la mañana
En España el desayuno es muy ligero: café con leche, unas galletas o una tostada con mantequilla y mermelada. A media mañana, los empleados salen a un bar a "desayunar" o a tomar "el bocadillo".

A las dos de la tarde
La comida de mediodía es la más abundante. Se compone de un primer plato (un guiso, una sopa, pasta, verdura o ensalada) y un segundo (carne o pescado) y de postre se toma fruta, yogur o flan.

A las nueve de la noche (o más tarde)
La cena va siendo cada vez más ligera: sopa, verdura o ensalada y una tortilla, un poco de pescado o embutidos. Y de postre, lo mismo que para la comida.

3 Describe lo que comes durante el día. Haz tu horario de comidas y compáralo con el de un español.

♫ ¡Buen provecho!

En algunas de las crónicas de la conquista de México se enumeran los cientos de platos y productos que vieron los españoles en el palacio de Moctezuma y que no habían visto nunca. Gastronómicamente, fue una conquista mutua y muy fructífera para españoles e indios.

Si el mestizaje es una característica de los habitantes del continente también lo es el de su cocina: una mezcla de las cocinas indias y la española, con alguna incorporación de la de los esclavos de África. En las zonas indias es probable que se sigan comiendo los platos que se comían durante la época del descubrimiento.

Una de las características de la comida en Hispanoamérica es el uso del maíz (en forma de tortillas o arepas) y el del ají. La bebida hispanoamericana es el café: produce más de la mitad del café del mundo. También se toma *mate* en Uruguay y Argentina. En Chile y Argentina se suele comer con vino, como en España, y en México y Cuba con cerveza.

Un mercado en un pueblo de Colombia

Comida descubierta en América Latina:	Comida española introducida en América Latina:
maíz patata tomate aguacate frutas tropicales	trigo arroz caña de azúcar café cebolla ajo

🌵 CASA DON FELIPE 🌵

Entradas
Tacos
Ensalada mixta
Chorizo asado
Sopa de tortilla
Aguacate relleno de atún

Especialidades
(Servidas con guacamole y frijoles)
Parrillada Don Felipe
  (incluye bistek, pollo
  asado y chorizo)
Filete de pescado al
  gusto
Pollo con mole poblano
Carne asada (al ajo or
  a la mantequilla)

Postres
Helado
Pastel
Flan
Fruta

Bebidas
Coca Cola, Coca Light,
  Fanta, Agua Mineral
Jugos (naranja, piña,
  tomate)
Té
Chocolate
Café

Las palabras tacos, tortillas, asado, empanada, ají, chiles y ceviche se ven en los supermercados, en conservas fabricadas en Estados Unidos, o en restaurantes de todo el mundo.

La enorme extensión del continente y su variedad de climas le proporciona una inmensa cantidad de productos tropicales y mediterráneos.

4 ¿Qué elementos tiene un plato típico de Hispanoamérica que no tiene un plato español?

5 ¿Cuál es la diferencia entre una tortilla en España y en Hispanoamérica?

6 Lee la carta de Casa Don Felipe. Con un compañero, pide una selección de platos, incluido un postre y una bebida.

La educación

1 ¿Qué materias se enseñan en los colegios de tu país? ¿Hay alguna asignatura obligatoria?

Un derecho constitucional

En España la educación es obligatoria y gratuita de los seis a los dieciséis años e incluye la educación infantil total. La educación postobligatoria no es gratuita. El bachillerato es indispensable para entrar en la Universidad. La Formación Profesional prepara a los jóvenes para el mundo del trabajo.

En los países hispanoamericanos hay sistemas similares con educación primaria, secundaria y superior o universitaria aunque tienen nombres diferentes.

En el colegio

La mayor parte de los alumnos españoles asiste a colegios públicos totalmente gratuitos. La enseñanza privada, subvencionada por el Estado en la mayoría de los casos, tiene todavía mucha importancia. En el mundo hispánico, los prestigiosos colegios religiosos, casi todos católicos, y también los centros extranjeros de enseñanza bilingüe tienen un alto estatus social.

En las escuelas infantiles o colegios de enseñanza primaria enseñan los maestros. En los institutos o colegios de enseñanza secundaria enseñan los profesores que son licenciados. En la enseñanza secundaria hay además catedráticos, es decir, el profesor responsable de su materia.

En algunos lugares sigue la jornada partida, desde las nueve de la mañana hasta la una de la tarde y de las tres a las cinco. Sin embargo, se va implantando la jornada continua de ocho y media de la mañana a tres de la tarde con dos recreos.

3 ¿Quiénes enseñan en las escuelas primarias? ¿Y en las secundarias?

EL SISTEMA EDUCATIVO EN ESPAÑA

Universidad	Formación Profesional Superior
Bachillerato	Formación profesional
17-18 años	
Educación secundaria	
13-16 años	
Educación primaria	
7-12 años	

2 Haz un esquema del sistema de educación en tu país y compáralo con el de España.

En muchos países hispanoamericanos, hay colegios religiosos donde los alumnos llevan uniformes.

El analfabetismo

El analfabetismo sigue siendo un problema pero la situación va mejorando. En España sólo existe entre personas mayores y en ciertas regiones. En Hispanoamérica la situación varía. En muchos países, como Uruguay, Costa Rica, Cuba, Argentina, la cifra de analfabetos no llega al 10 por ciento; en otros, como Guatemala, Honduras, Bolivia, está en torno al 50 por ciento.

La universidad

La primera universidad española se fundó en Salamanca en el siglo XIII. Hoy día hay en España más de 60 universidades, la mayor parte públicas, a las que asisten más de un millón de estudiantes.

En España, los que desean seguir estudios universitarios, un 25 por ciento aproximadamente de los que terminan el bachillerato, deben pasar las pruebas de ingreso en la universidad. La superproducción de ciudadanos con título universitario ha creado un alto paro entre los licenciados.

La primera universidad del Nuevo Mundo se fundó en la isla de Santo Domingo en 1538 y la primera del continente fue la de San Marcos en Perú. Hoy día, la desmesura y la masificación de las universidades quedan ejemplificadas por la Universidad Nacional Autónoma de México (UNAM) donde hay más de 500.000 alumnos. En Hispanoamérica hay tendencia a estudiar derecho y humanidades y pocas carreras técnicas.

La universidad de Salamanca en España

Estudiantes de la universidad de La Habana, Cuba

4 Compara las universidades de España con las de América Latina. Busca ejemplos en Internet: (Salamanca) *www.usal.es* y (UNAM) *www.unam.mx.*

5 ¿En qué siglo se fundó la primera universidad en tu país?

Estudios superiores

La facultad
Se pueden seguir estudios de medicina, derecho, química, literatura,…

Las escuelas técnicas superiores
Se puede estudiar materias como arquitectura o ingeniería.

Las escuelas universitarias
Se forman profesores de educación primaria y educación secundaria, enfermeras o los que quieren trabajar en informática. Hoy la mayoría de alumnos eligen estudios científicos o técnicos.

Las universidades a distancia
Se pueden seguir estudios sin asistir regularmente a clase.

6 ¿En tu opinión, cuáles son las carreras más interesantes?

7 ¿Prefieres ir a una universidad o una escuela técnica superior? ¿Por qué?

¡A divertirse!

1 ¿Qué sueles hacer los fines de semana? Explica cómo pasas tus ratos libres.

Los fines de semana

La popularización del coche, efecto del desarrollo económico en España, ha cambiado las costumbres. Muchas familias salen de las grandes ciudades en su automóvil el viernes por la tarde para pasar los fines de semana en su segunda vivienda.

Las noches de los viernes y los sábados, los que se quedan llenan las calles, discotecas, cines y restaurantes. Los jóvenes no duermen; se pasan la noche yendo de local en local hasta la madrugada. Los sábados son días de descanso y de compras (también los domingos se puede comprar en grandes almacenes o hipermercados) y los domingos de vida familiar.

2 Describe un fin de semana típico español. ¿Cuáles son los elementos esenciales?

Los fines de semana la gente va de paseo y de compras.

Se aprovecha el fin de semana para ver exposiciones y museos. Allí se ven muchas parejas jóvenes.

La tertulia

En otros tiempos la tertulia fue una forma muy natural de reunirse regularmente en cafés a hablar de temas concretos y de manera informal. Aunque todavía hay tertulias, ya no es lo mismo que antes. Ahora es más frecuente que se escuchen en la radio donde tienen un público muy fiel. Los tertulianos se dedican a opinar de todo y atacar con más o menos ingenio a todo.

Hablar!

En los países hispanohablantes, una de las maneras más corrientes de pasar el tiempo libre es pasear y charlar con los amigos. Los cafés, los bares y, en verano, las numerosas terrazas al aire libre son lugares para reunirse a hablar. La "sobremesa" es una manera más informal de hablar. No es extraño que la gente se pase tres o cuatro horas de sobremesa.

3 Explica cómo se reúne la gente en los países hispanohablantes. ¿Cómo se llaman las formas de hablar?

El juego

Los españoles son muy aficionados al juego. Cada semana apuestan miles de millones de pesetas en loterías y en las quinielas de fútbol.

Además de las numerosas variantes de loterías (entre las que destaca el cupón de los ciegos, que se juega cinco días por semana) y las apuestas deportivas, "las quinielas", hay en España unos 20 casinos para satisfacer la pasión nacional por el juego. Pero son las máquinas tragaperras la manera más corriente de jugar y representan el 40 por ciento de la cantidad total empleada en juegos.

España es, junto con Estados Unidos y Filipinas, el país del mundo donde más se juega. ¡En 1999 los españoles dedicaron al juego casi cuatro billones (3.785.848.000.000) de pesetas!

En los parques se ven personas mayores que juegan interminables partidas de cartas o de dominó.

También se juega mucho en Hispanoamérica. En algunos países hay loterías instantáneas, más o menos legales. En otros se apuesta en carreras de caballos o en peleas de gallos. En todos hay quinielas futbolísticas. Los juegos de cartas, como "el truco" en Argentina, son muy populares.

4 Con un compañero, haz una lista de los juegos más populares en España e Hispanoamérica. ¿Conoces alguno?

5 ¿Hay versiones de los juegos españoles o hispanoamericanos en tu país? Compáralos.

¿Qué hacemos esta noche?

En los países de habla española, el ir al cine ya no es la diversión más popular. Se ve más cine que nunca, pero en televisión o en vídeo. Los cines tienen hasta cuatro sesiones diarias. ¡El fin de semana hay sesión a la una de la noche en algunos cines!

En España la mayor parte de las películas se proyectan dobladas. Así que no te sorprendas si oyes a las estrellas de Hollywood hablando un impecable castellano. Lo mismo en el cine que en la televisión.

En Madrid, Barcelona y algunas ciudades grandes hay cines en los que se proyectan versiones originales subtituladas. También lo hacen algunos canales de televisión. En Hispanoamérica, lo normal es que proyecten subtituladas.

6 ¿Cómo se proyectan las películas extranjeras en España? ¿Y en Hispanoamérica?

7 ¿Qué prefieres hacer con tus amigos? ¿Te gusta ir al cine?

¡Fiesta!

En algunas fiestas españolas salen gigantes, grandes figuras de cartón.

1 ¿Qué fiestas hay en tu país? ¿Cuándo se celebran?

Días festivos

Todos los países hispanohablantes son países de fiestas. Cada ciudad y pueblo tiene su patrón o patrona, un santo o una santa que, según las creencias religiosas, protege a los habitantes. Cada día del año está dedicado a varios santos y cuando llega el día del santo que es patrón de la ciudad se celebran fiestas.

Se adorna la ciudad, se instalan las ferias con tiovivos, norias, autos de choque y tómbolas. Todos comen, beben y bailan hasta muy tarde. Por las noches hay fuegos artificiales. La mayor parte de las fiestas son en verano y hay corridas o encierros de toros o vaquillas.

En todos los países de Hispanoamérica se celebra la fiesta nacional, el día en que consiguieron la independencia. En Cuba la fiesta nacional es el 1 de enero, día del triunfo de la revolución de Fidel Castro. Además hay muchas fiestas indígenas, como el festival de la India Bonita en Cobán, Guatemala, que se celebra entre los meses de julio y agosto.

🎧 Hacer puente

En España, el puente es un fin de semana largo. Cuando una fiesta cae en jueves se suele tomar fiesta el viernes, ampliando así el fin de semana. Las agencias de viajes ofrecen muchas posibilidades de excursiones en grupo para aprovechar los puentes de Semana Santa, Navidad o del día de la Constitución.

Calendario de fiestas

FEBRERO
Se celebran los carnavales. En España los más famosos son los de Cádiz y Tenerife. En algunos lugares de Hispanoamérica hay carnavales muy originales, como el de Oruro en Bolivia.

ABRIL
La feria de Sevilla (en España) se celebra con sus caballos, casetas y trajes andaluces.

JULIO
San Fermín (en Pamplona, España) es famosa por sus encierros.

OCTUBRE
El segundo sábado de octubre se celebra en Argentina la caminata a Nuestra Señora de Luján, la patrona del país. La caminata dura toda la noche y va desde Liniers, un barrio de Buenos Aires, hasta la basílica de Luján, a unos 50 kilómetros.

NOVIEMBRE
El Día de los Difuntos (uno y dos de noviembre) es una fiesta importante en México. Se visitan los cementerios y aparecen en todos los sitios las "calaveras" de dulce.

2 Mira el calendario de fiestas. ¿Conoces alguna? Descríbela.

3 Busca más detalles en Internet sobre una fiesta española o hispanoamericana (*espanol.yahoo.com*). Escoge 'culturas' y luego un país.

Semana Santa

Las procesiones (desfile de cofrades, vestidos con ropajes singulares, con su paso, grupo escultórico transportable que representa alguna escena de la vida o pasión de Cristo) son el elemento fundamental de la Semana Santa en España e Hispanoamérica. En algunas ciudades hispanas, los pasos son obra de notables escultores.

En España, en las procesiones de Andalucía, la Semana Santa más famosa, hay personas que cantan *saetas* (una canción flamenca) dirigidas generalmente a la Virgen o a Cristo. En zonas de Aragón, las procesiones van acompañadas por la música de cientos de tambores.

En Hispanoamérica, las procesiones de Antigua Guatemala son famosas.

Los niños siguen esperando a los Reyes Magos, que les traen los regalos la noche del 5 al 6 de enero.

Los Reyes Magos

En España e Hispanoamérica no son tradicionales el árbol de Navidad ni Papá Noel, aunque comienzan a popularizarse. Los Reyes Magos vienen en camellos desde Oriente y dejan los regalos en los zapatos que han puesto los niños en el balcón. En la Cabalgata, desfile de los Reyes, la noche del 5 de enero, por las calles de la ciudad, los niños ven ahora con naturalidad que los Reyes vengan en camiones llenos de juguetes y no en camellos.

Navidad

Las Navidades empiezan en España con el tradicional sorteo de lotería, el 22 de diciembre, y terminan el 6 de enero, día de los Reyes Magos. La noche del nacimiento de Cristo, el 24 de diciembre, es Nochebuena en todos los países hispanohablantes y se celebra en familia en torno al belén. Muchos católicos asisten a las 12 de la noche a la misa del Gallo. El 25, día de Navidad, se reúne la familia para la comida navideña en la que nunca falta el turrón.

En la mayoría de países hispanos, la Nochevieja, 31 de diciembre, se celebra en casa o en restaurantes. En España, hay una gran fiesta popular en la Puerta del Sol de Madrid donde se reúnen miles de personas a oír las 12 campanadas que anuncian el año nuevo. Se comen las 12 uvas que darán suerte para el año que empieza. El día de Año Nuevo es un día dedicado, sobre todo, a descansar de la fiesta.

4 Imagínate que eres español. Haz un esquema de tus actividades durante las navidades. ¿Qué harías?

5 ¿Coinciden algunas fiestas hispanas con las de tu país? ¿Cuáles?

Deportes y toros

Ivan Zamorano, futbolísta chileno

> 1 ¿Prefieres practicar un deporte o ver los partidos por televisión? ¿Por qué?

Deportes

Aunque las emisiones televisivas popularizan deportes poco conocidos, el fútbol sigue siendo el deporte nacional de España. En los equipos españoles juegan muchos futbolistas de todo el mundo, especialmente europeos y latinoamericanos. Ahora empiezan a llegar jugadores africanos.

Todos los domingos, excepto en vacaciones, miles de hinchas van a los estadios a ver a sus equipos favoritos y otros muchos se quedan en casa oyendo las transmisiones radiofónicas de los partidos o viéndolos por televisión.

El español es deportista de sillón, cerveza y televisión. Es consumidor de espectáculos deportivos, sobre todo en televisión. Pero la reciente construcción de numerosas instalaciones deportivas impulsa a los jóvenes a la práctica del deporte (fútbol, baloncesto, voleibol, squash).

Ahora, el baloncesto es muy popular en España. También juegan extranjeros, sobre todo norteamericanos y grandes estrellas de los países del Este. El ciclismo ha sido siempre un deporte bastante popular. En la década de 1990 el ciclista Miguel Induráin fue una figura muy popular para todos los españoles, lo mismo que otros deportistas: la tenista Arantxa Sánchez Vicario o el jugador de golf Severiano Ballesteros.

También **en América Latina** el fútbol es una pasión. Futbolistas como Maradona, Ronaldo, o hace años Pelé y Di Stéfano fueron personajes con enorme popularidad. En América Central y el Caribe, el deporte nacional es el béisbol sobre todo en Cuba y Nicaragua. Y ya empiezan a aparecer nombres latinos en los equipos norteamericanos.

Miguel Induráin

> 2 Si eres un buen aficionado al fútbol en España, ¿cómo puedes seguir los partidos de tu equipo?

> 3 ¿Cuáles son los deportistas más populares de tu país? ¿Tienen fama en el mundo de deportes?

La fiesta nacional

Los toros son la fiesta nacional de España. Durante la temporada, de marzo a octubre, hay corridas de toros todos los domingos y en la mayoría de las fiestas locales. En algunos países de Hispanoamérica se celebran corridas de toros, como México, Ecuador y Perú, pero están prohibidas en Uruguay.

Una corrida es un drama en tres actos cuyo prólogo es el paseíllo, la vistosa entrada de los protagonistas, excepto el toro, en el ruedo al compás de un pasodoble.

La corrida comienza con la salida del toro del toril y es entonces cuando el matador estudia la fuerza e inteligencia del toro dándole unos pases con la capa, un trapo rosa por un lado y amarillo por el otro. Los picadores, o toreros a caballo, debilitan al toro clavándole la pica.

En el segundo acto los banderilleros clavan banderillas en el lomo del toro. Finalmente el matador queda solo en el ruedo con el toro y comienza la faena de muleta que es la preparación del toro para la hora de la verdad, momento en que el matador mata al toro con la espada. El puntillero lo remata dándole la puntilla.

El presidente de la corrida premia al torero, si su actuación lo merece, con una o las dos orejas del toro. Los monosabios con sus mulillas sacan al toro muerto de la plaza y limpian la sangre para que la corrida pueda continuar.

7 Mira la lista de los deportes. Escoge dos y explica a un compañero como se juega.

voleibol
squash
baloncesto
béisbol
fútbol
tenis

Un matador mexicano dando al toro unos pases con la capa.

4 Con un compañero, describe los momentos de la corrida.

5 Si vas a una corrida, verás que las localidades de sombra son más caras que las de sol. ¿Por qué?

6 ¿Te gustaría ir a una corrida? ¿Por qué? Haz un debate en clase.

❝Me encantan los deportes…el tenis y el voleibol en particular. También me gusta ver los partidos de fútbol emitidos por televisión. Lo que no me gusta nada son las corridas de toros. Las veo como una exhibición de crueldad con los animales y no como deporte.❞

49

¡Monumental!

1 ¿Cuáles son los monumentos más famosos en tu país? ¿Por qué tienen fama? ¿De qué siglo son?

Cultura española

Los diferentes pueblos que ocuparon la Península dejaron su huella con numerosos monumentos, lo que da a la arquitectura española una enorme variedad. Hay en España muestras de todos los estilos arquitectónicos europeos:

Arte romano: el arco de triunfo de Medinaceli.

Arte romano (del año 100 a.C. hasta el 400). Quedan arcos de triunfo, teatros, puentes, acueductos y espléndidos mosaicos.

Arte visigótico (del 400 al 711). Han quedado pocas muestras, una de ellas es la iglesia de San Juan de Baños (Palencia).

Arte musulmán (del 711 al 1492). Del arte musulmán quedan muchos alcázares, mezquitas y palacios. La Alhambra y la Giralda son ejemplos de este estilo. Como el Corán prohibe la representación de la figura humana, se utilizaban en la decoración flores y figuras geométricas.

Hay dos variedades de arte árabe que sólo existen en España:
El estilo mozárabe, creado por cristianos que vivían en áreas árabes, y **el mudéjar**, por árabes que vivían en una zona cristiana. Estos dos estilos mezclan rasgos árabes (ladrillo, azulejos y arcos) con el románico y el gótico. Se conservan numerosas iglesias y otros edificios mudéjares, sobre todo en Aragón.

Estilo árabe: la mezquita de Córdoba.

2 ¿Qué estilo te gusta más? ¿Por qué?

3 Escoge uno de los estilos españoles y busca ejemplos en un libro de arquitectura.

Estilo mudéjar: las partes más antiguas de la catedral de Tarazona datan de los siglos XII

Monumentos hispanoamericanos

Se llama arte precolombino a las manifestaciones artísticas que encontraron los españoles al llegar al Nuevo Mundo.

La primera cultura de México es la de Teotihuacán. De ella nos quedan, a unos 50 kilómetros de Ciudad de México, unas enormes pirámides truncadas con un altar en lo alto al que se sube por unas escaleras.

Escondidas en las selvas centroamericanas hay magníficas construcciones mayas (civilización que alcanzó su apogeo en el siglo VII) adornadas con bellos relieves escultóricos. Una de las más notables está en Tikal.

En Suramérica, las construcciones incas más notables se encuentran en el Cuzco. Llena de asombro y admiración ver que los edificios están construidos con enormes bloques de piedra. Hay

La ciudad de Machu Picchu

que pensar que los incas los construyeron sin conocer la rueda y con un animal de carga, la llama, que no podía transportar más de 50 kilos.

A unos 70 kilómetros de Cuzco está la apoteosis de la arquitectura inca: la ciudad de Machu Picchu. Fortaleza, templo y ciudad, situada a 2.300 metros de altura, en plena cordillera de los Andes, los conquistadores no la conocieron. Fue descubierta en 1911 y es espectacular por el mero hecho de haber sido construida en ese paraje.

En los edificios mayas abundan los bellos relieves tallados en piedra y, en algunos, la pintura mural.

 4 Mira las fotos en esta página. Busca más información en Internet www.mayadiscovery.com.

5 Compara la arquitectura de España y de Hispanoamérica. ¿Qué diferencias/ semejanzas hay en los edificios antiguos?

Las grandes civilizaciones precolombinas nos han dejado, sobre todo, impresionantes restos arquitectónicos, especialmente en Guatemala y México.

Cultura ## Arquitectura

Estilo herreriano. En el siglo XVI, como reacción contra el exceso de decorado del plateresco surge un estilo austero, creación del arquitecto Juan de Herrera. Levanta monumentos colosales, de fachadas desnudas, donde reina la línea recta.

1 Mira las fotos de los estilos españoles. ¿Cuál prefieres? ¿Por qué?

🎧 Estilo español

Arte románico (del año 1000 al año 1200). Las iglesias y monasterios románicos son construcciones sólidas, sencillas, de piedra, con muros gruesos, ventanas pequeñas y arcos de medio punto.

Arte gótico (del año 1200 al año 1500). Catedrales espaciosas, amplios ventanales con vidrieras de colores y arcos en ojiva. El final del arte gótico se llama en España **plateresco** (siglo XVI) porque su rica decoración recuerda el elaborado trabajo de los plateros.

Estilo herreriano: El monasterio de El Escorial, obra de Juan de Herrera, es el ejemplo más representativo.

Estilo plateresco: la Universidad de Salamanca.

Estilo barroco: la Plaza Mayor de Salamanca.

Arte barroco (finales del siglo XVII y XVIII). Como reacción a la simplicidad del estilo herreriano se desarrolla el barroco con curvas y decoraciones muy elaboradas. Un arquitecto, José Churriguera, dio nombre al barroco español: **estilo churrigueresco.**

2 Escoge un estilo y haz una lista de sus características. Luego léesela a un compañero. ¿Puede adivinar el estilo?

3 Busca dos o tres ejemplos de la arquitectura más conocida en tu país y descríbelos a la clase. Si es posible, usa fotos o dibujos.

Arte neoclásico (siglo XVIII). La vuelta a las formas griegas y romanas es el origen de un estilo arquitectónico plasmado en monumentos notables como la Puerta de Alcalá y el Museo del Prado, en Madrid.

Estilo hispanoamericano

Al arte hispanoamericano lo caracterizan dos elementos: la influencia de España y la de las culturas indígenas. La arquitectura de las colonias es la que llevaron los españoles, modificada después por los criollos. La primera influencia en el arte religioso y en edificios civiles fue el renacentista o plateresco y luego el barroco. En todos los estilos se incorporaron formas autóctonas.

Casas de estilo colonial de un barrio de Bogotá, Colombia.

En Quito, capital de Ecuador, hay 86 iglesias. La Compañía, construida en el siglo XVII, obra maestra del barroco colonial, es una de las más hermosas.

4 Mira las fotos del estilo hispanoamericano. ¿Qué diferencias ves en la arquitectura?

5 De todos los edificios que ves en estas páginas, ¿cuál es el más antiguo? ¿Y el más moderno?

6 ¿Qué influencias tiene la arquitectura en tu país? ¿De dónde vienen?

Un aspecto del barrio de la Reforma de la Ciudad de México en el que la arquitectura moderna es especialmente evidente.

Desde la época colonial se han imitado edificios europeos o estadounidenses.

El cuadro La Resurrección del Señor, *de El Greco.*

Cultura

Pintura

1 ¿Tienes un pintor preferido? ¿Cómo se llama? ¿Pinta arte figurativo o abstracto? Describe su estilo.

Obras maestras

A partir del siglo XVI hay muchos nombres que le dan a España una posición destacada en la pintura mundial.

En primer lugar, **El Greco** (1541-1614), pintor de origen griego, cuyo nombre real era Domenikos Theotokopoulos. Llegó a España para pintar en la corte de Felipe II, pero al rey no le gustó el extraño estilo del pintor. El Greco se retiró entonces a Toledo donde trabajó el resto de su vida, identificándose totalmente con esa ciudad. Pintó para la corte y la nobleza de Toledo retratos y cuadros de temas religiosos. Su obra maestra *El entierro del Conde de Orgaz* está en Toledo.

Detalle de la obra maestra de Velázquez, Las Meninas.

Diego Velázquez nació en 1599, en Sevilla, y es el pintor español más famoso de todos los tiempos. Fue pintor de la corte de Felipe IV. Gran retratista, Velázquez hizo muchos retratos tanto del rey y su familia, como de sus bufones. Pintó también muchas escenas de mendigos y gentes del pueblo.

Francisco de Goya nació en 1746 en Fuendetodos, un pueblecito de la provincia de Zaragoza, y se le considera uno de los padres de la pintura moderna. Retrató la vida de su época en los cartones costumbristas que hizo para la Real Fábrica de Tapices. Fue pintor de la corte de Carlos IV. En su obra satírica Los caprichos, grabados en planchas de cobre, presenta su visión crítica de las costumbres de su tiempo.

El cuadro La Maja Vestida *de Goya.*

2 Busca más información en Internet *museoprado.mcu.es.*

Pintores del siglo XX

El cubismo

En este siglo, destaca el nombre de **Pablo Picasso.**
Picasso nació en Málaga, en 1881, pero trabajó casi
toda su vida en Francia. En 1907, junto con un
pintor francés, Georges Braque, y otro español,
Juan Gris, inició un nuevo estilo, el cubismo, la
mayor revolución de la pintura contemporánea.
Picasso, para muchos el pintor más importante del
siglo XX, hizo también cerámica y escultura,
ilustró libros, escribió teatro y pintó murales.

El Guernica, *que está en el Museo Reina Sofía de*
Madrid, es la obra más conocida de Picasso.

Los muralistas

Los grandes muralistas mexicanos
José Clemente Orozco, Diego Rivera
y David Alfaro Siqueiros querían
hacer pintura revolucionaria para el
pueblo y poner al indio en el centro de
sus obras. Presentaban en su pintura
injusticias sociales y planteaban
reivindicaciones políticas. Se
colocaban en lugares públicos donde
podía verlas el pueblo.

Este mural Hombre de fuego *es obra de José Clemente*
Orozco (1883-1949). Está en Guadalajara, México,
donde nació el muralista.

El surrealismo

Salvador Dalí (1904-1989) y **Joan Miró**
(1893-1983) son también dos artistas de fama
internacional. El primero, de formación
académica, fue uno de los grandes pintores y
animadores del movimiento surrealista hasta
que fue expulsado de él por sus declaraciones a
favor de Hitler. Ilustrador de libros,
escenógrafo, diseñador de joyas, su carácter
excéntrico y su genio publicitario lo
convirtieron en un personaje muy conocido.

Joan Miró comenzó como un pintor realista,
luego surrealista, y terminó creando un estilo
muy personal de pintura ingenua, llena de
humor, de imaginación desbordante y precioso
colorido. Hizo también escultura y cerámica.

En París hubo dos pintores latinoamericanos
adscritos al surrealismo: el cubano Wilfredo
Lam y el chileno Roberto Matta. En México
destacó Frida Kahlo.

3 Piensa en un cuadro de un pintor español
o hispanoamericano que has visto en una
galería, en una exposición o en un libro.

a ¿Cómo se titula la obra?

b ¿Qué tipo de cuadro era: un paisaje, un
retrato, una naturaleza muerta?

c ¿Cómo eran los colores? ¿Muy vivos o más
bien oscuros?

Música

1 ¿Te gusta algún grupo o cantante español o
hispanoamericano? ¿Cómo se llama?
¿Cuáles son sus canciones más conocidas?

Notas musicales

En el siglo de Oro hubo músicos españoles
conocidos en toda Europa, como Antonio de
Cabezón, compositor de piezas para órgano y
clave, y Tomás de Vitoria, famoso por su música
polifónica y sus motetes.

Entre los compositores modernos, los
amantes de la música clásica conocen a Isaac
Albéniz por su suite para piano *Iberia* y a
Enrique Granados por sus *Goyescas*,
composiciones para piano. *El concierto de
Aranjuez* de Joaquín Rodrigo es la composición
española más interpretada internacionalmente.

Pero el más famoso es Manuel de Falla (1876-
1946). Sus ballets *El amor brujo y El sombrero
de tres picos* se representan en todo el mundo.
Entre los compositores de hoy destacan Luis
de Pablo y Cristóbal Halffter.

Aunque en España no haya una compañía de
ópera estable, hay grandes intérpretes como
Montserrat Caballé, Teresa Berganza, Plácido
Domingo, Alfredo Kraus y Victoria de los
Angeles.

Como en la ópera, hay grandes estrellas
internacionales. Hay una compañía nacional de baile
español, basada sobre todo en el flamenco.

2 ¿Conoces algún compositor español?
¿Cuál? ¿Cómo es la música?

3 Mira la foto de la bailadora.
¿Qué sabes del baile español?

La Zarzuela

La ópera no ha sido un arte español. Pero sí la
zarzuela que es una especie de opereta,
típicamente española. En la zarzuela se
combinan diálogo y canción. Casi todas las
zarzuelas se escribieron a finales del siglo XIX y
son de ambiente madrileño. Los aficionados,
como los de la ópera, conocen perfectamente
los argumentos y van sobre todo a escuchar a
los cantantes.

La guitarra

La guitarra, cuyo origen es un instrumento de
cuerda árabe, es el instrumento musical que se
identifica con España. Desde el siglo XVI se ha
incorporado a casi toda la música española.
Gaspar Sanz y Fernando Sor son dos
compositores de piezas para guitarra clásica.
Pero fundamentalmente la guitarra está unida a
la música popular y, sobre todo, al flamenco.

4 ¿Qué es la zarzuela?
¿Piensas que te gustaría? ¿Por qué /no/?

Un nuevo sonido

Como en las demás artes, la música hispanoamericana fue también una prolongación de la que llevaron los colonizadores, sobre todo en el campo de la música sacra.

En la música también se fueron aceptando las novedades europeas a las que se les añadió elementos autóctonos. La guitarra española se convirtió en el instrumento esencial de la música popular del continente. En la zona de los Andes, instrumentos autóctonos, como la quena y la zampoña, dan a sus composiciones un sonido muy especial.

En este siglo hay músicos ilustres como el argentino Alberto Ginastera y el mexicano Carlos Chávez. También hay grandes bailarines como el argentino Julio Bocca y la cubana Alicia Alonso que, además, creó el magnífico Ballet Nacional de Cuba.

5 ¿Cuáles son las características de la música de Hispanoamérica? ¿Qué influencias tiene?

¡Baila!

La influencia de la música que llevaron los esclavos africanos a la zona del Caribe fue muy grande, sobre todo, en Cuba donde nació la salsa alrededor de 1920. Bailes como el tango, el bolero, la rumba, el merengue, y sobre todo últimamente, la salsa (como nombre genérico para la música latina) son conocidos en todo el mundo.

Bailando salsa en La Habana, Cuba

Música popular

En los años 60 surgieron "cantautores", cantantes que escribían sus propias letras y música o que daban especial importancia a la letra y de esa manera lanzaban un mensaje político. En España citamos a Raimon, José Antonio Labordeta y Paco Ibáñez y en Hispanoamérica, Victor Jara, Daniel Viglietti y Mercedes Sosa. Esta música todavía se escucha en los países hispanohablantes.

Hoy día la mayoría de los jóvenes hispanohablantes escuchan la misma música que los del resto del mundo occidental, tal como Oasis o Radiohead. Ahora también son muy populares algunos grupos españoles de rock y pop. Los nombres son tan extraños como en los demás países: Celtas Cortos, Presuntos Implicados, Mecano, Héroes del Silencio.

El ya poderoso mercado hispano ha propiciado un fenómeno nuevo: la aparición de cantantes bilingües como Gloria Estefan, Ricky Martin y Jennifer Lopez. En España la existencia de cantautores bilingües, como Joan Manuel Serrat, (catalán y castellano) tuvo motivos políticos.

Buena Vista Social Club *es una banda cubana que ha tenido mucho éxito por todo el mundo en los últimos años por su música pegadiza y rítmica.*

6 ¿Conoces la banda Buena Vista Social Club? ¿Por qué es tan popular hoy día? Haz una discusión en clase.

Literatura española

1 ¿Conoces algún libro español o hispanoamericano? ¿Quién es el autor?

Los primeros libros

El Poema del Cid (1140), uno de los primeros libros escritos en castellano, que cuenta la vida y hazañas del Cid (página 11), es obra de un autor anónimo.

Gonzalo de Berceo es el primer poeta español de nombre conocido.

En *La Celestina* (1499), Francisco de Rojas crea un personaje inmortal: la vieja alcahueta o celestina.

Muy característicos de la poesía española son los romances, poemas narrativos de versos octosílabos y de autor anónimo que se transmiten oralmente. A partir de principios del siglo XV se recopilaron y publicaron en *Romanceros*.

En el año 1492 Antonio de Nebrija publicó la primera norma del idioma en su *Gramática Castellana*.

Las Coplas de Jorge Manrique *a la muerte de su padre*. Es uno de los grandes poemas españoles, un homenaje a la memoria del padre muerto y una reflexión sobre la fugacidad de la vida.

El Lazarillo de Tormes (1554) es la primera novela picaresca, género literario típicamente español.

Don Quijote

La decadencia y la crisis económica española van acompañadas en los siglos XVI y XVII de un espléndido auge cultural que se llama el siglo de Oro. Miguel de Cervantes (1547-1616), al que se considera el padre de la novela moderna, publicó su obra maestra *El ingenioso hidalgo don Quijote de la Mancha* en 1605.

La novela es la narración de las aventuras del hidalgo Alonso Quijano. Trastornado por sus innumerables lecturas de novelas de caballería, toma el nombre de Don Quijote de la Mancha y sale en su viejo caballo, Rocinante, a buscar aventuras. A Don Quijote, que se cree "caballero andante", lo acompaña un escudero, Sancho Panza, en realidad un campesino del pueblo.

Es la historia del enfrentamiento entre la realidad existente y la que ve Don Quijote con su fantasía distorsionada. El libro es un reflejo de la decepción de una España decadente. Y también la expresión de rasgos del carácter español: el idealismo del caballero y el realismo de su escudero.

Don Quijote ataca, contra las advertencias de Sancho Panza, a unos molinos de viento convencido de que son gigantes.

2 ¿Por qué es famoso Don Quijote? ¿Qué significado tiene para España?

3 ¿Qué te parece el personaje de Don Quijote? ¿Es valiente? ¿Un poco ridículo? ¿Por qué?

4 Para leer el capítulo 1 del libro, ve al sitio *cvc.cervantes.es* y escoge "Don Quijote de la Mancha".

La novela

La novela española del siglo XIX cuenta con dos autores destacados: Leopoldo Alas, "Clarín", autor de *La Regenta* (una de las obras maestras de la literatura española), y Benito Pérez Galdós. Galdós es autor de espléndidas novelas como *Fortunata y Jacinta* y la larga serie de los *Episodios nacionales* en los que cuenta, de forma novelada, la historia de España.

5 ¿Qué pasó en la historia de España que influyó a los escritores a finales del siglo XIX?

Literatura moderna

En el siglo XX aparece la generación literaria más brillante desde el siglo de Oro: los poetas de la "Generación del 27", entre los que se encuentran Federico García Lorca, Rafael Alberti y Vicente Aleixandre.

La guerra civil supone una importante fractura también cultural. Un gran número de intelectuales tuvieron que exiliarse y los que se quedaron sufrieron una férrea censura. Ello originó una literatura timorata y poco conflictiva. La excepción fue *La familia de Pacual Duarte,* primera novela de un joven escritor, Camilo José Cela, que llegaría a premio Nobel en 1989.

En esa generación hay excelentes novelistas como Miguel Delibes y Gonzalo Torrente Ballester. En la actualidad, Javier Marías es el novelista que mayor aplauso ha obtenido en el extranjero. Su novela *Corazón tan blanco* ha sido un auténtico éxito entre el público y la crítica.

6 ¿Qué efecto tuvo la Guerra Civil en los escritores de esa época? ¿Hubo excepciones?

7 Escoge un autor español contemporáneo y busca una obra suya en la biblioteca. Presenta algunos detalles a la clase.

"Generación del 98"

A finales del siglo XIX, en medio de la crisis española (página 18), surgió un grupo de escritores, preocupados por los motivos de la decadencia y por la esencia de España. Se les dió el nombre de "generación del 98", es decir, del año en que se perdieron los últimos restos del imperio español. Formaban el grupo: un poeta, Antonio Machado; ensayistas como Miguel de Unamuno y Azorín; novelistas como Pío Baroja y el autor de teatro y novelista, Ramón del Valle Inclán.

El poeta Federico García Lorca fue asesinado por los falangistas durante la Guerra Civil.

Literatura hispanoamericana

1 ¿Prefieres la novela o la poesía? ¿Quiénes son tus autores favoritos? ¿Hay algunos hispanoamericanos?

Textos precolombinos

Los mayas y aztecas dibujaron historias, mitos y tradiciones sobre pergaminos. Las palabras españolas que hay al lado de los dibujos las escribieron los conquistadores.

El Popol Vuh, libro religioso que algunos han llamado la "biblia maya", recoge mitos mayas sobre la creación del mundo y los hombres, así como tradiciones anteriores a la conquista. Escrito en el siglo XVI por un indio en su lengua maya-quiché, se tradujo al castellano en el siglo XVIII.

La época colonial

En la época de la colonia la literatura sigue los modelos de la metrópoli y hasta se escriben algunas novelas picarescas a imitación de las peninsulares.

Hay un conjunto de obras literarias en las que se cuenta la conquista del Nuevo Mundo. Dos de las más notables son la *Historia verdadera de la conquista de la Nueva España (1568)* y *La Araucana* escritas por dos testigos directos, Bernal Díaz del Castillo y Alonso de Ercilla, respectivamente.

2 ¿Para qué sirvió la palabra escrita en el mundo de los mayas y aztecas? ¿Y en la época de las colonias?

El siglo XIX

A finales del siglo XIX, un nicaragüense, Rubén Darío, inicia el modernismo, la corriente literaria que abre nuevos caminos a la literatura del continente y de España.

La tendencia a utilizar las características autóctonas en las artes hispanoamericanas conduce a la aparición en Argentina de la llamada literatura "gauchesca", formada por poemas anónimos, escritos en lenguaje popular y cantados por payadores, cantores ambulantes. En 1872 se publica la obra maestra de este género, *Martín Fierro* de José Hernández, el poema nacional argentino.

3 Busca obras de José Martí en Internet *www.josemarti.org*. En grupos de tres, escoged un tema y haced una presentación.

El escritor José Martí nació en Cuba en 1853 y murió en 1895 en la lucha por la independencia. La mayor parte de su obra tiene un objetivo político y social.

🎧 Géneros de novela

La novela comprometida, es decir la que toma partido ante situaciones injustas, tiene muchos cultivadores. En este género se puede incluir una novela como *Los de abajo* de Mariano Azuela que narra episodios de la revolución mexicana.

También se puede incluir un subgénero que son las novelas que tienen como protagonista a esa figura tan característica de Latinoamérica: el dictador o el caudillo. Miguel Ángel Asturias en *El señor presidente*, Augusto Roa Bastos en *Yo el supremo* y Gabriel García Márquez en *El otoño del patriarca* han hecho decisivas contribuciones a este género.

Hay también un género de novela que incorpora al indio en la trama en una posición de protagonista. José María Arguedas, novelista peruano con raíces en el mundo indio, es el representante más notable de este género.

La gran difusión de la literatura hispanoamericana comienza a mediados de la década de los sesenta. Es entonces cuando se produce el *boom* de la novela latinoamericana y se acuña la expresión de "realismo mágico" para referirse a buena parte de ella. Las obras de Gabriel García Márquez, Mario Vargas Llosa, Julio Cortázar y Carlos Fuentes han sido traducidas a muchos idiomas y se leen en todo el mundo.

En el siglo XX el premio Nobel se ha concedido a cinco escritores hispanoamericanos: a los poetas chilenos Gabriela Mistral y Pablo Neruda y al mexicano Octavio Paz, y a los novelistas Miguel Ángel Asturias, guatemalteco, y Gabriel García Márquez, colombiano (arriba).

4 **¿Cuáles son las características típicas de las novelas hispanoaméricanas?**

5 **Escoge a un poeta hispanoamericano. Busca una obra suya en la biblioteca y habla de sus temas con un compañero.**

6 **En tu país, ¿ha tenido la literatura un objetivo político? ¿Cómo?**

La poesía

La poesía fue el género literario más destacado de la primera mitad del siglo XX en Hispanoamérica. Hay una gran generación de poetas en la que se incluyen: el peruano César Vallejo; los chilenos Vicente Huidobro, Gabriela Mistral y Pablo Neruda; y el argentino Jorge Luis Borges. Debemos mencionar la aparición en el Caribe de una poesía en la que se incorpora el ritmo musical afroantillano. Su representante más notable es el cubano Nicolás Guillén.

Teatro y cine

1 ¿Has visto alguna obra de teatro española o hispanoamericana? ¿Te gustó?

El siglo de Oro

En el siglo de Oro, la comedia era el espectáculo popular por excelencia.

Lope de Vega (1562-1635), coetáneo de Shakespeare, es, además de un gran poeta, el creador del teatro español. Nos dejó más de 400 comedias, unas trataban hechos históricos, como *Fuenteovejuna*, y otras llamadas "de capa y espada", como *El perro del hortelano*, que reflejaban las costumbres de su tiempo.

Pedro Calderón de la Barca (1600-1681), es autor de un teatro más elaborado, menos popular que el de Lope. Escribió autos sacramentales y obras de carácter filosófico, como *La vida es sueño.*

Tirso de Molina (1584-1648) es el creador del personaje del Don Juan, tan utilizado en la literatura universal.

El siglo XX

En el siglo XX, hay dos grandes dramaturgos españoles: Ramón del Valle Inclán (1866-1936) y Federico García Lorca (1899-1936). La novedad formal del teatro de Valle Inclán impidió que se hiciese popular. El de Lorca, más convencional e inspirado en la vida y la tragedia de los pueblos andaluces, fue y sigue siendo el teatro español más representado en todo el mundo.

En los años sesenta aparece un movimiento de grupos independientes que ofrecen un teatro pobre y comprometido. El grupo uruguayo El Galpón, cuya actividad le obligó a abandonar el país durante la dictadura, fue uno de los más conocidos. Dos autores dignos de mención son el chileno Jorge Díaz y el colombiano Enrique Buenaventura.

En la actualidad, podemos citar al dramaturgo español Buero Vallejo (recientemente fallecido) y a un hombre de teatro, Albert Boadella y su grupo independiente Els Joglars.

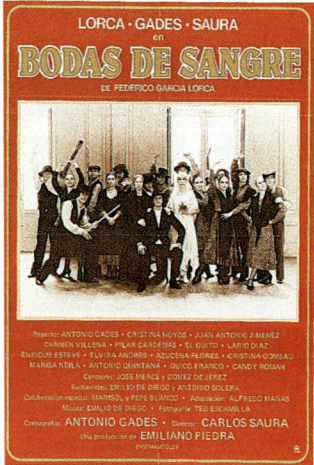

Los aficionados al teatro conocen las piezas de Lorca: Bodas de sangre, Yerma *y* La casa de Bernarda Alba.

El teatro hoy

Hoy el teatro en España es un espectáculo muy minoritario. Sólo hay teatros nacionales con compañía estable en Madrid y en Barcelona. En Hispanoamérica el teatro es un espectáculo de grandes ciudades al que va la burguesía. También hay grupos que representan sus trabajos en escuelas y barrios.

2 ¿Quiénes son los dramaturgos españoles e hispanoamericanos más importantes del siglo XX?

3 ¿Va mucha gente al teatro en tu país? ¿Qué obras son populares?

Cine español

La censura de la época de Franco fue especialmente dura en el cine, sobre todo en materia de sexo, religión y política. A pesar de la censura, aparecieron a finales de la década de 1950 dos nombres interesantes: Juan Antonio Bardem y Luis Berlanga. En los años 70 el director más conocido fuera de España fue Carlos Saura.

Es Pedro Almodóvar el nombre que puede representar al nuevo cine español en el mundo, con sus películas *Mujeres al borde de un ataque de nervios* y *Todo sobre mi madre*. En la actualidad, a pesar de la creciente invasión de películas norteamericanas y del escaso apoyo del Estado a los nuevos cineastas, ha aparecido una espléndida generación de actores, como Antonio Banderas y Penélope Cruz, y directores, como Alex de la Iglesia y Julio Medem.

4 ¿Por qué es Pedro Almodóvar tan famoso en España hoy día? ¿Has visto sus películas?

En 1996 Fernando Trueba obtuvo el Oscar con su película Belle époque.

Todo sobre mi madre de Pedro Almodóvar es la película más premiada de la historia del cine español y ganó el Oscar en el año 1999.

Luis Buñuel

Los aficionados al cine de todo el mundo conocen el nombre de Luis Buñuel (1900-1983). Ya antes de la guerra civil había hecho películas que pronto se hicieron clásicas como *Un perro andaluz* y *La edad de oro*. Después de la guerra, Buñuel se exilió y realizó su obra en México y Francia. En México Buñuel realizó una película, *Los olvidados,* sobre los jóvenes de los suburbios, cuyo éxito le permitió hacer cine en Francia.

5 ¿Has visto alguna película española o hispanoamericana? ¿Era difícil de entender? ¿Por qué?

6 ¿Cuál es tu director favorito? ¿Por qué?

🎧 Películas hispanas

Se puede decir que sólo tres países hispanoamericanos tienen una producción nacional: México, Argentina y Cuba.

En México destacó la obra del director Emilio Fernández que, con actores como Pedro Armendáriz y María Félix y el fotógrafo Gabriel Figueroa, realizó una serie de magníficas películas en la década de los cuarenta.

Argentina también tuvo una renombrada producción cinematográfica. Mencionemos al director Torre-Nilsson en la década de los sesenta y la película *La historia oficial* de Luis Puenzo, dramático retrato de la dictadura de la década de los setenta.

En Cuba el gobierno revolucionario creó de la nada una industria cinematográfica que ha destacado en el continente.

"Patria común"

1 Mira el mapa de España. ¿Cuáles son las regiones que no forman parte de la península?

Mapa autonómico

La Constitución de 1978 dice que España, "patria común e indivisible de todos los españoles", está formada por 17 comunidades autónomas.

Estas comunidades autónomas, que casi coinciden con las antiguas regiones históricas, tienen su propio gobierno y parlamento y administran diferentes asuntos con independencia del Gobierno de España.

No todas las comunidades autónomas tienen el mismo poder para gobernarse. Según la Constitución, Cataluña y País Vasco, por ejemplo, tienen más competencias que Extremadura o Murcia; es decir pueden administrar más asuntos sin injerencias del Gobierno central. El Gobierno central tiene competencias exclusivas, por ejemplo, en defensa nacional y política exterior.

1 ANDALUCÍA (Habitantes: 7.18 millones)

2 ARAGÓN (Habitantes: 1.17 millones)

3 CANARIAS (Habitantes: 1.58 millones)

4 CANTABRIA (Habitantes: 0.52 millones)

5 CASTILLA-LA MANCHA (Habitantes: 1.70 millones)

6 CASTILLA Y LEÓN (Habitantes: 2.49 millones)

7 CATALUÑA (Habitantes: 6.05 millones)

8 MADRID (Habitantes: 4.78 millones)

9 NAVARRA (Habitantes: 0.51 millones)

10 COMUNIDAD VALENCIANA (Habitantes: 3.93 millones)

11 EXTREMADURA (Habitantes: 1.08 millones)

12 GALICIA (Habitantes: 2.71 millones)

13 BALEARES (Habitantes: 0.73 millones)

14 LA RIOJA (Habitantes: 0.26 millones)

15 PAÍS VASCO (Habitantes: 2.05 millones)

16 ASTURIAS (Habitantes: 1.06 millones)

17 MURCIA (Habitantes: 1.09 millones)

CANTABRIA
Santander ● 4

PAÍS VASCO
9
Vitoria ● 15 NAVARRA
Pamplona ●

FRANCIA

14 LA RIOJA
Logroño ●

ARAGÓN
2
Zaragoza ●

CATALUÑA
7
Barcelona ●

mar Mediterráneo

● Valladolid
CASTILLA Y LEÓN
6

MADRID
8
■ Madrid

BALEARES
13
Mallorca
Menorca

Palma de Mallorca ●

Toledo ●

CASTILLA-LA MANCHA
5

COMUNIDAD VALENCIANA
10
Valencia ●

Ibiza

Formentera

MURCIA
17
Murcia ●

1
ANDALUCÍA

mar Mediterráneo

órico

braltar

Melilla ●

Ceuta (Habitantes: 72.500)
Melilla (Habitantes: 63.637)

2 ¿Cómo funcionan las comunidades autónomas?

3 ¿Cuál es la región más grande de España?
¿Y la más pequeña?

4 Relaciona las comunidades autónomas con sus capitales.

a Galicia   1 Vitoria
b Cataluña   2 Barcelona
c Extremadura   3 Santiago de Compostela
d Castilla-La Mancha 4 Palma
e País Vasco   5 Mérida
f Baleares   6 Toledo

España verde

1 ¿Llueve mucho en tu país?
¿Prefieres vivir en un lugar lluvioso y verde o seco y cálido?

La población vive en su mayor parte en la costa donde están las ciudades más grandes: Vigo y La Coruña (arriba).

Galicia

El hórreo es un pequeño granero, construido sobre columnas, para preservar a los cereales de la humedad de la tierra y de los ratones.

Galicia está en el ángulo noroeste de España y se consideraba antiguamente como el final de la tierra conocida. Es lo que significa Finisterre, el cabo más occidental del país. El río Miño forma la frontera con Portugal.

Es la región más lluviosa de España y por eso tiene grandes bosques y buenos pastos. Las rías, que son como pequeños fiordos, son su paisaje más característico.

El sector más importante de su economía es la pesca y la industria de conservas de pescado. También tienen importancia la ganadería, la industria automovilística, los astilleros y la minería. La agricultura está dominada por el minifundio.

Por razones económicas, han emigrado muchas personas de esta región a América Latina, tantos que en algunos países como Argentina y Cuba llaman "gallegos" a todos los españoles. Se habla gallego, un idioma parecido al portugués. Hoy la literatura en gallego está experimentando un renacimiento.

2 Mira las dos fotos de Galicia. Describe los contrastes entre las ciudades y el campo de la región.

El camino de Santiago

Santiago es una de las ciudades monumentales más hermosas de España. Fundada en el lugar donde se encontró el sepulcro del apóstol Santiago, la ciudad fue, por ello, durante la Edad Media, un lugar de peregrinación para los católicos tan importante como Roma.

Hoy día el camino de Santiago que sigue las mismas rutas medievales, jalonadas de catedrales, iglesias y posadas, es más que un fenómeno religioso. Gente de todo el mundo hace la ruta desde Europa y aun desde América Latina. Lo hacen por muchas razones, religiosas, turísticas o incluso para conseguir el certificado que se entrega al que ha recorrido más de 100 kilómetros a pie, en bici o a caballo.

Platos típicos

La cocina gallega es muy conocida en España. El caldo gallego, el lacón con grelos y el pulpo a la gallega son platos muy apreciados, pero lo más característico son los mariscos, los mejores de España. Otra especialidad de la región es la empanada, una especie de torta salada rellena de carne o pescado y cocida al horno. En Galicia hay un vino blanco muy famoso: el albariño.

3 ¿Por qué hace la gente el camino de Santiago?

4 Imagínate que vas a hacer el camino. Busca detalles de la ruta, el alojamiento y la comida en Internet *www.galinor.es/c-santiago/*.

Asturias y Cantabria

Asturias y Cantabria son regiones montañosas de hermosos bosques y parques naturales. La ganadería y la minería (zinc y hierro) son las riquezas principales de estas regiones. En Asturias, se cultivan manzanas de las que se obtiene la bebida regional, la sidra. En Cantabria es muy común el obrero industrial que tiene un pequeño campo que cultiva para el consumo familiar.

Asturias es el antiguo reino cristiano donde, en el año 722, se inició la Reconquista de la península invadida por los árabes. Luego se incorporó a Castilla. Desde 1388 el heredero al trono de España lleva el título de Príncipe de Asturias. Oviedo es la capital de Asturias y Gijón es uno de los puertos más importantes del mar Cantábrico.

En Cantabria, la población se concentra en la costa donde está la capital, Santander, una bella ciudad de veraneo, con una famosa playa, El Sardinero. La región es también conocida por las pinturas prehistóricas de la cueva de Altamira. Son las primeras manifestaciones de arte que se conservan en España y tienen entre 13.000 y 25.000 años.

El parque nacional de los Picos de Europa es un paraíso para alpinistas y turistas de montaña.

La música y el baile típicos de Asturias. La gaita es el instrumento tradicional de la zona.

 5 ¿Por qué son más conocidas estas regiones en España?

Turismo ecológico

También se ha desarrollado el turismo rural en casas de pueblos acondicionadas. Es muy apropiado para el descanso y permite a la región mantener una cierta población rural.

El norte de España atrae a muchos turistas nacionales. Dejan las calurosas ciudades para disfrutar de un ambiente fresco. Hoy el turismo ecológico interesa a mucha gente. Ya son bastantes los que abandonan las aglomeraciones y la pasividad de las playas para hacer un turismo activo en montaña: excursiones a pie o en bicicleta, descenso de torrentes y barrancos, etc. Empieza a popularizarse el senderismo y hay mapas para paseos por la montaña o en parques nacionales.

6 Para tus vacaciones, ¿prefieres la playa o la montaña? ¿Por qué?

7 ¿Qué es el turismo ecológico? Explica por qué es popular en España.

País Vasco

1 ¿Cuál es la región más importante para la economía de tu país? ¿Por qué?

Euskadi

El País Vasco (Euskadi) tiene un paisaje verde y montañoso, donde abundan los caseríos que son pequeñas explotaciones agrícolas y ganaderas y, al mismo tiempo, vivienda. También la pesca tiene gran importancia en la economía de la región. Hace unos años, Bilbao era la zona más industrializada de España, en la que destacaban los altos hornos y los astilleros. En la costa del Cantábrico hay un gran número de playas en pueblos pequeños muy apreciadas por el turismo nacional.

El País Vasco formó parte del reino de Navarra y luego, a partir del siglo XIV, de Castilla. El nacionalismo surgió en el siglo XIX y la República concedió al País Vasco o Euskadi un estatuto de autonomía en el año 1936. Con Franco terminó la autonomía y durante la dictadura las reivindicaciones nacionalistas tuvieron su expresión más radical en el nacimiento de ETA. Este grupo reivindica con sus acciones terroristas "independencia y socialismo" para el País Vasco.

El Museo Guggenheim en Bilbao. Está construido en la ribera del río Nervión que había quedado abandonada por la desindustrialización. La recuperación de ese espacio ha sido un extraordinario éxito.

2 ¿Cuáles son las industrias más importantes del País Vasco?

3 ¿Qué efecto ha tenido el Museo Guggenheim en la economía del País Vasco?

4 Mira otra vez la foto en la página 22. ¿Qué piensan los españoles de ETA?

San Sebastián

A finales del siglo XIX San Sebastián fue una de las ciudades de veraneo tradicional de la familia real, de la aristocracia y la alta burguesía. Está situada en una de las bahías más hermosas del mundo. Un precioso paseo recorre toda la playa de la Concha.

El puerto de San Sebastián fue muy importante hace unos siglos. Junto a él está la parte vieja, caracterizada por sus calles estrechas, llenas de bares y restaurantes que son famosos en todo el país.

En septiembre se celebran en la bahía de la Concha unas regatas de traineras, barcas de remos, que apasionan a un pueblo de marinos y pescadores. San Sebastián es también sede del Festival de cine más importante de España.

La espléndida bahía de la Concha en San Sebastián

5 ¿Qué te gustaría hacer en San Sebastián ?

El vascuence

En el País Vasco, unas 600.000 personas hablan vascuence o euskera, una lengua que no procede del latín y que es una de las más antiguas del mundo. La literatura escrita en vascuence apenas tiene tradición. Los bertsolaris, improvisadores de poemas en vascuence, constituyen la tradición oral. Ahora existe un renaciminento de esa literatura apoyado por el Gobierno autónomo vasco. Tal vez el escritor más conocido sea Bernardo Atxaga, Premio Nacional de Literatura.

Deportes vascos

En el País Vasco hay deportes singulares: el corte de troncos, el arrastre de piedra con bueyes y las traineras. Los aizkolaris (cortadores de troncos) y los arrijasotzales (levantadores de piedras) son héroes populares. Pero el deporte nacional es la pelota. En todos los pueblos hay un frontón que es algo así como una enorme pista de squash.

La pelota se juega generalmente por parejas y los jugadores van vestidos de blanco y se distinguen por la faja (azul o roja) que llevan. Se puede golpear la pelota con la mano, con una pala de madera o una cesta. Los jugadores, como en el squash, lanzan la pelota contra el muro tratando de que no pueda alcanzarla el contrario. Hoy se juega a cesta punta también en México y Florida.

6 ¿Por qué es el vascuence un misterio como idioma?

Platos típicos

El País Vasco es la región más destacada gastronómicamente de España. Hay espléndidos restaurantes y excelentes cocineros. Las angulas y el bacalao a la vizcaína son dos platos muy apreciados. Se bebe un vino especial de baja graduación llamado chacolí. Las sociedades gastronómicas, asociaciones de hombres que se reúnen para cocinar y comer, están muy extendidas en toda la región.

El deporte nacional: la pelota. Se lleva casco en Norteamérica.

7 Compara la pelota con otro deporte que sabes cómo jugar.

Los Pirineos y el valle

El encierro

1 En tu país, ¿hay alguna región agrícola? ¿Es famosa por un producto particular?

Navarra

Navarra, antiguo reino medieval, es una próspera región agrícola e industrial. Tiene dos zonas geográficas muy diferentes: los Pirineos, donde hay importantes explotaciones madereras y papeleras, y el valle o la ribera del Ebro, donde se producen cereales, frutas y verduras y vino.

Su capital, Pamplona, es conocida en todo el mundo por los "sanfermines", unas fiestas que se celebran del 7 al 14 de julio, en honor a San Fermín. Todos los días a las ocho de la mañana hay encierro; los toros van corriendo por las calles de la ciudad desde el corral hasta la plaza y con ellos los hombres. El encierro es peligroso y todos los años se producen cogidas y a veces hay muertos. Por las tardes, los toros que han participado en el encierro actúan en la corrida.

El cultivo de cereales. Navarra es una región con una agricultura bastante próspera.

La Rioja

La Rioja, una de las comunidades autónomas más pequeñas de España, es famosa por sus vinos y sus conservas de vegetales. El 25 por ciento de la población trabaja en la agricultura. La vendimia es, en La Rioja, un trabajo muy importante. Las fiestas, como gran parte de la vida, giran en torno a la vendimia y al vino.

Es una región vinculada a Castilla desde el siglo XI y su capital es Logroño. En un monasterio riojano, San Millán de la Cogolla, aparecieron los primeros textos escritos en lengua castellana. Gonzalo de Berceo, el primer autor en castellano, era riojano.

Platos típicos

En la cocina de estas regiones destacan el cordero y las verduras. Las patatas a la riojana son un plato popular y suculento. El cordero al chilindrón es uno de los platos más característicos de Aragón y de Navarra. Las migas, hechas con pan y grasa, son una comida de zonas pobres. Los vinos de estas regiones tienen ahora reconocido prestigio, sobre todo los de Rioja.

2 ¿Qué producen las zonas de los Pirineos? ¿Y el valle del Ebro?

3 ¿Te gustaría participar en el encierro de San Fermín algún día? Con un compañero, habla de tu opinión.

Aragón

Aragón fue un importante reino en la Edad Media cuya unión con Castilla dio origen a España. Ya en el siglo XII era un reino independiente.

El norte, donde los Pirineos son la frontera con Francia, tiene una zona de altas cumbres y magníficas pistas de esquí. Allí se encuentra el Parque Nacional de Ordesa, un maravilloso valle pirenaico. En los Pirineos se está desarrollando un turismo de aventura, fundamentalmente el barranquismo.

En el centro está el valle del Ebro con sus llanuras de cereales, espléndidas huertas y zonas fruteras y, también, zonas casi desérticas. La oveja es el ganado típico de esta región.

Aragón es una región extensa y poco poblada. Más de la mitad de su población vive en la capital, Zaragoza, una de las ciudades más grandes de España.

Albarracín en Aragón es una ciudad construida por los árabes.

4 Compara Aragón y Galicia (página 66). ¿Cuáles son sus diferencias? ¿Tienen algo en común?

Zaragoza

Zaragoza, ciudad de origen romano, es la capital de Aragón. El río Ebro pasa por el centro de la ciudad y a su orilla hay dos grandes iglesias: la basílica del Pilar y la hermosa catedral de La Seo (de estilos gótico y mudéjar). Entre ellas está el precioso edificio de La Lonja.

En una céntrica plaza está el monumento a los héroes de la resistencia aragonesa contra las tropas de Napoleón en la guerra de la Independencia (1808). Un magnífico palacio árabe, la Aljafería, es testimonio del esplendor del reino moro independiente de Zaragoza.

También hay en la ciudad iglesias de estilo mudéjar. Tras la reconquista de Aragón, permaneció en su territorio toda la población musulmana, conservando sus formas de vida. Esos hábiles artesanos fueron los creadores de la simbiosis arquitectónica de las dos culturas.

La Aljafería

5 Mira las fotos en esta página. ¿Qué influencias tiene la arquitectura? ¿Por qué?

El noreste

El catalán

El catalán se habla en: Cataluña, en Valencia y Baleares con mínimas diferencias; en Andorra, donde es uno de los idiomas oficiales; y en el sur de Francia que es frontera con Cataluña. La mayoría de las escuelas enseñan sólo en catalán.

1 ¿Hay una región de tu país más próspera que las otras? ¿Qué industria tiene?

Cataluña

Cataluña, situada en el noreste de España, es la región más próspera del país. Su riqueza proviene de la industria textil y de la agricultura: frutas, verduras, vino (en primer lugar cava, el champán español) y ahora también de la industria del automóvil. Pero, sobre todo, del trabajo de sus habitantes. Se dice que "los catalanes, de las piedras sacan panes".

En Cataluña se establecieron colonias griegas ya en los primeros siglos de la era cristiana. En 988 se formó el condado de Cataluña y en el siglo XII se unió con la corona de Aragón, gozando de gran autonomía y expansión mediterránea. La autonomía se acabó en 1718 tras la llegada de los Borbones. Los catalanes habían apoyado a su rival el archiduque Carlos (página 18).

A finales del siglo XIX resurge el sentimiento autonomista. En el año 1932, la República concede un estatuto de autonomía que se pierde durante la dictadura de Franco. Hoy es una comunidad autónoma, con amplias competencias.

El baile tradicional de Cataluña es la sardana que se baila en corro. Durante la época de Franco este popular baile estuvo prohibido por ser una expresión del nacionalismo catalán.

2 Explica el refrán "Los catalanes, de las piedras sacan panes".

3 ¿Qué prohibió la dictadura de Franco en Cataluña?

4 ¿Entiendes catalán? Empareja las palabras catalanas con las españolas:

Catalán	Español
Si us plau	Buenos días
Gràcies	Gracias
De rès	Por favor
Bon dia	Adiós
Adéu	De nada

Los Pirineos y el Mediterráneo (arriba) han convertido a Cataluña en una de las zonas turísticas, tanto de invierno como de verano, más importantes de España.

Barcelona

Barcelona, capital de Cataluña, es la segunda ciudad de España. Es una ciudad rica, industrial y comercial, con un puerto muy activo. Sus habitantes tienen uno de los niveles de vida más altos de España.

La ciudad está situada entre dos montañas: El Tibidabo, donde hay un gran parque de atracciones, y Montjuic. En esta montaña además del estadio olímpico y el Pueblo Español (una reproducción de monumentos arquitectónicos españoles), hay dos museos famosos en toda España: el de arte románico y el dedicado al pintor Joan Miró.

El barrio gótico.

Cosas de interés

La parte más antigua que se conserva es del siglo XIV. Se llama **el barrio gótico** y está junto a la espléndida catedral.

Las Ramblas son un paseo que va de la Plaza de Cataluña, centro de la moderna Barcelona, hasta el mar. En el medio, hay una zona peatonal con árboles y quioscos donde se venden pájaros, flores, libros. Es un lugar donde siempre hay gente.

El monumento a Cristóbal Colón, es uno de los más conocidos de la ciudad. Está al final de las Ramblas, cerca del puerto.

5 ¿Te gustaría visitar Barcelona? En tu opinión, ¿cuáles son los lugares más interesantes?

La Sagrada Familia, una catedral de Gaudí que todavía no está terminada.

Gaudí

A principios del siglo XX, en pleno modernismo, uno de los arquitectos más conocidos de España fue el catalán Antoni Gaudí (1852-1926). Muchos de sus fantásticos y sorprendentes edificios, la mayoría de ellos en Barcelona, han sido declarados monumento nacional.

El tejado de la Casa Batló tiene la forma de un dragón y los balcones parecen máscaras. En el Parque Güell las casas, escaleras y bancos, decorados con mosaicos parecen sacados de cuentos de hadas.

6 Mira la foto de la Sagrada Familia. ¿Puedes describir el estilo de Gaudí? ¿Te gusta o no? ¿Por qué?

El centro

Un pastor cuidando sus ovejas.

1 ¿Qué cosas de interés tiene la capital de tu país? ¿Son famosas en todo el mundo?

Castilla y León

La región histórica de Castilla, que ocupa casi la mitad de la superficie de España, está dividida administrativamente en tres comunidades autónomas: Castilla y León, Castilla-La Mancha y Madrid.

Castilla y León es la comunidad más extensa de España y está en la zona más árida y alta de la Meseta. La vegetación es muy escasa, la típica de regiones áridas. Predominan los campos dedicados al cultivo del trigo. También hay, en verano, pastoreo de ovejas que pasan al sur en invierno.

2 ¿Qué te interesaría visitar en Castilla-León? Escoge una cosa de interés y busca más detalles históricos en la biblioteca o en Internet.

Castilla-La Mancha

En Castilla-La Mancha aún se pueden ver molinos como aquellos contra los que luchó el personaje más conocido de la literatura española, Don Quijote. Es una región seca, con veranos muy calurosos e inviernos fríos en la que se cultivan cereales y se produce bastante vino.

Toledo, capital ahora de Castilla-La Mancha, es una de las ciudades españolas más antiguas. Construida sobre el río Tajo, fue primero capital de los visigodos, luego de un reino musulmán y, finalmente, de España hasta que fue sustituida por Madrid en el siglo XVI.

Su extraordinaria riqueza monumental es el resultado de la convivencia de tres culturas: judía, musulmana y cristiana. En esta ciudad vivió el artista El Greco y aún puede verse allí su casa convertida en museo. Toledo fue famosa por la calidad de sus aceros y espadas.

Cosas de interés

Ciudades históricas
Soria, Burgos, León, Salamanca, Segovia y la capital, Valladolid

Monumentos únicos
el acueducto romano en Segovia

Fabulosas catedrales
León y Burgos

Castillos
la mayoría de los 1.400 castillos que hay en España está en esta región

Santa María la Blanca en Toledo es una de las sinagogas más hermosas del mundo.

3 ¿Quién contribuyó a la arquitectura variada y espléndida de Toledo?

Madrid

Madrid, capital de España, y sus alrededores forman también una comunidad autónoma, en la que viven casi cinco millones de personas. Dos ciudades notables de esta comunidad son: Alcalá de Henares, ciudad donde nació Miguel de Cervantes, autor del Quijote, y que fue una importante universidad en el siglo XVI; y San Lorenzo del Escorial, donde Felipe II construyó su gran palacio.

Los madrileños viven en la capital más alta de Europa, a 646 metros sobre el nivel del mar. En 1561, Felipe II convirtió la pequeña ciudad que era entonces Madrid en la capital del país. Hoy día Madrid es una gran ciudad anárquica con calles comerciales (la Gran Vía, Serrano), grandes avenidas (el Paseo de la Castellana), y notables edificios (el de Correos, el Palacio Real, el Ayuntamiento).

Tiene Madrid espléndidos parques y jardines entre los que destacan la Casa de Campo, llamada "el pulmón de Madrid", y El Retiro (arriba), el lugar de paseo favorito de los madrileños.

4 ¿Cuánto tiempo ha sido Madrid la capital de España? ¿Cuál fue la primera?

5 ¿Conoces los museos de Madrid? Busca en Internet los cuadros más famosos en los tres museos apuntados. Ve al sitio *espanol.yahoo.com* y luego escribe el nombre del museo.

...y los museos

Cerca del Retiro están los museos más importantes de Madrid: el Museo del Prado; el Museo Nacional Centro de Arte Reina Sofía, dedicado a la pintura contemporánea; y el Museo Thyssen-Bornemisza. El Museo del Prado es uno de los museos de pintura más famosos del mundo.

Las plazas de Madrid

Madrid es una ciudad de plazas. El centro del Madrid antiguo, llamado "el Madrid de los Austrias", es la Plaza Mayor. Es una espléndida

La Plaza Mayor

plaza rectangular, edificada en el siglo XVII, cerrada y con porches en los cuatro lados.

En la Puerta del Sol, que también es una plaza, hay un monumento que representa un oso y un madroño, elementos del escudo de la ciudad. Es el lugar más típico de Madrid y allí celebran miles de madrileños la llegada del Año Nuevo.

En la Plaza de España se construyeron los primeros rascacielos de España y allí está el monumento a Cervantes. Cerca de la Plaza de Oriente está el Palacio Real, una de las muestras más notables de estilo neoclásico de la ciudad.

6 ¿Qué plaza madrileña te atrae más? ¿Por qué?

El sur

El paisaje andaluz se caracteriza por los inmensos olivares, extensos viñedos y casas blanqueadas.

1 Mira las fotos en estas páginas. ¿Son imágenes familiares? ¿Por qué?

Andalucía

Andalucía es una de las regiones más extensas de España (casi el 20 por ciento del territorio) y la más poblada. Ocupa todo el sur del país y la cruza el río Guadalquivir. En Sierra Nevada, al sur de Andalucía, está el Mulhacén, el pico más alto de la Península.

Los romanos llamaron Bética a esta región y los árabes *Al-Andalus,* de donde viene el nombre actual, Andalucía. Córdoba fue entonces, hace unos mil años, su capital y una de las ciudades más grandes del mundo. Hoy día la capital de la autonomía es Sevilla.

Es una región rica en minerales: mercurio, cobre, plomo, zinc. Produce casi todo el aceite de España y vinos singulares (Jerez y Málaga), y de sus invernaderos sale una gran producción agrícola. Son famosas también las ganaderías de toros bravos y la cría de caballos. La pesca es también una importante riqueza. Hoy en día su principal ingreso lo constituye el turismo de su famosa Costa del Sol.

2 Compara las dos regiónes: Andalucía y Cataluña (página 72). Con un compañero, haz un esquema de las diferencias y las semejanzas.

El flamenco

El baile más conocido y más característico de España es el baile de Andalucía: el flamenco. Es una mezcla de folclore árabe, judío y gitano que se expresa en canto y baile. El cante jondo es el más puro, el que no contiene elementos modernos. Y el baile más conocido son las sevillanas.

El origen del flamenco se remonta al año 1000. Los gitanos que se asentaron en España en el siglo XV lo desarrollaron. Todavía hoy son los gitanos los mejores intérpretes del flamenco. Uno de los sitios más típicos para contemplarlo son las cuevas del Sacromonte en Granada.

El sonido de las castañuelas es un acompañamiento esencial del baile flamenco. Llevadas a España por los fenicios, los bailarines de los países mediterráneos llevan utilizando las castañuelas 3.000 años. No es sólo el ritmo de las castañuelas lo que acompaña al baile flamenco, sino también la guitarra, el cante y el sonido de las palmas y del zapateado.

Para bailar el flamenco, los hombres suelen llevar un traje negro ajustado con chaquetilla corta y botas de tacón, y las mujeres, faldas largas de vivos colores.

3 ¿Quiénes desarollaron el flamenco? ¿Cuáles son los elementos esenciales?

Sevilla

Desde los romanos, Sevilla siempre ha sido una ciudad próspera. En la época árabe dependía del califato de Córdoba. Durante los siglos XVII y XVIII vivió su época de oro: era puerto de entrada de los productos que venían de las Indias y tuvo el monopolio del comercio con las colonias españolas.

Sevilla de noche

Extremadura

Extremadura es una de las regiones más pobres, más desconocidas y más hermosas de España. Tiene magníficos parques naturales, como el de Montfragüe de 18.000 hectáreas donde ahora se hace senderismo. Es una región de gran emigración y patria de la mayoría de los conquistadores de América entre otros Cortés y Pizarro.

Su economía se basa en la agricultura. Sus alcornoques producen casi todo el corcho de España. También la ganadería es una industria bastante fuerte, sobre todo la del cerdo ibérico. Se dice que el jamón de Extremadura es el mejor de España.

Su capital, Mérida, (la famosa Emerita Augusta de los romanos) conserva un gran conjunto arqueológico de la época romana, y allí se levanta el Museo Nacional de Arte Romano, uno de los más impresionantes de España.

5 ¿Por qué es Extremadura famosa históricamente?

6 ¿Prefieres ir a Andalucía o a Extremadura? ¿Por qué?

Cosas de interés

La catedral de Sevilla, construida entre 1402 y 1506, es una de las más grandes del mundo. Su campanario, la torre de la Giralda, mide casi cien metros de altura. Fue el minarete de una antigua mezquita.

Los Reales Alcázares, construídos sobre lo que fue una fortaleza árabe, han sido residencia de los reyes españoles durante siete siglos. Son famosos por sus maravillosos jardines y su rica decoración árabe.

La Torre del Oro, antiguo bastión de las murallas almohades, se ubica en la orilla del Guadalquivir, el río que atraviesa la ciudad.

El parque de María Luisa, donde aún se ven edificios de la Exposición Iberoamericana de 1928, es un magnífico lugar de esparcimiento para los sevillanos en los fines de semana.

El barrio de Santa Cruz con sus calles estrechas, blancas casas con hermosos patios, ventanas enrejadas y balcones llenos de flores es una zona muy apreciada por los visitantes.

4 Imagínate que estás en Sevilla y quieres ver todas las cosas de interés mencionadas. Con un compañero, organiza tu día.

Cáceres, al norte de Mérida, es una ciudad bellísima con un centro histórico del siglo de Oro muy bien conservado.

El levante

1 ¿Has probado la paella?
¿Sabes cuáles son los ingredientes?

Comunidad Valenciana

La Comunidad Valenciana, situada en el este del país, en la costa del Mediterráneo, es conocida sobre todo por sus naranjas. La riqueza de su huerta (tomates, pimientos, arroz, melones) depende del magnífico sistema de riego creado por los romanos y mejorado por los árabes.

También tiene una gran importancia la industria de juguetes y calzado y, hoy en día, la automovilística. La empresa Ford tiene una de sus fábricas más modernas en Almusafe, cerca de la capital. También el turismo es una próspera industria en toda la costa de Alicante, sobre todo en Benidorm, "la playa de Madrid".

Trabajando en los arrozales. En esta región se cultiva arroz.

2 ¿Qué contribuye a la riqueza de la Comunidad Valenciana?

3 Compara los ingredientes que adivinaste en la pregunta 1 con los del texto de abajo. ¿Te faltó algo?

Platos típicos

La paella es el plato más famoso de España y viene de la región de Valencia. Su nombre es, en realidad, el del recipiente en que se cocina. Se hace generalmente en el campo y con leña de naranjos. Los ingredientes básicos son arroz, verduras, pollo, aceite y azafrán.

Las Fallas

Las Fallas son unas fiestas de origen medieval que los carpinteros celebraban para homenajear a su patrón, San José. Durante todo el año los artistas valencianos trabajan en la construcción de las fallas, grupos escultóricos hechos de madera y cartón

pintados, que son representaciones satíricas y humorísticas de problemas y personajes de la actualidad. Las fallas están en las calles varios días y se queman todas el día de San José, el 19 de marzo, excepto un muñeco que pasa a un museo.

4 ¿Por qué se celebran las fallas?

Valencia

Originalmente Valencia fue un puerto comercial griego. Después se vio ocupada por cartagineses, romanos y visigodos, y en los siglos XI a XIII fue capital de un reino árabe. Valencia es hoy, con sus 800.000 habitantes, la tercera ciudad española. Su puerto, El Grao, es uno de los más importantes del Mediterráneo.

Los monumentos más notables son la catedral, con su torre campanario, el Miguelete, y la Lonja de la Seda, precioso edificio de estilo gótico. La riqueza de la ciudad se basó fundamentalmente en la gran cantidad de fruta y verdura que producía la Huerta, gracias al sistema de riego creado por los romanos y desarrollado por los árabes.

El Tribunal de las Aguas se reúne cada jueves en la puerta de los Apóstoles de la catedral de Valencia para solucionar los problemas relacionados con la utilización del agua de riego, vital para la riqueza de la zona.

5 ¿Por qué crees que sigue hoy la tradición del Tribunal de las Aguas en Valencia? ¿Hay algún problema con el agua en tu país?

Murcia

Al sur de Valencia está Murcia, una región que fue uno de los reinos taifas árabes. Fue reconquistada en el siglo XIII por Castilla. Hoy recibe mucha inmigración del norte de África, lo que ha creado conflictos raciales.

Es una región agrícola muy próspera, gracias a los regadíos árabes del río Segura, que produce frutas y vegetales, y tiene una gran industria conservera. También produce los vinos de Jumilla. Alrededor del Mar Menor, un lago litoral, se ha desarrollado mucho el turismo.

Cartagena es la antigua Cartago Nova, ciudad cartaginesa que tuvo su máximo esplendor en la época romana, es hoy en día uno de los puertos más importantes de España. Ya desde la época cartaginesa era famosa por su gran riqueza minera.

La capital es la ciudad de Murcia. Cartagena (arriba) es un gran puerto y una ciudad industrial.

Ceuta y Melilla

España tiene dos ciudades en territorio de Marruecos, Ceuta y Melilla, lo que a veces crea fricciones diplomáticas. Ceuta, ciudad de unos 75.000 habitantes, está en una pequeña península frente a Gibraltar. Melilla (80.000 habitantes) está frente a las costas de Málaga y pertenece a España desde los tiempos de los Reyes Católicos. Ambas tienen una población mayoritariamente española y basan su economía en la actividad de sus puertos.

6 ¿Cuáles son las industrias más importantes de Murcia?

7 En tu país, ¿hay problemas de racismo? Discutidlo en clase.

Las islas

1 Mira el mapa de España (páginas 64-65). ¿Cuáles son las islas españolas? ¿Dónde están?

¡Vamos a España!

En el año 1999 visitaron España más de 76 millones de turistas, es decir, ¡más de un turista y medio por habitante! Aunque ya en el siglo XIX la isla de Mallorca recibía turistas ingleses, el turismo masivo es relativamente reciente.

Desde la guerra civil hasta el comienzo de la década de los 50 España estuvo casi cerrada al extranjero. Es a partir de 1960 cuando se comienzan a abrir las fronteras y se desarrolla el turismo de masas.

En pocos años España se convirtió para los europeos en el paraíso de un turismo barato que ofrecía un sol seguro en sus miles de kilómetros de playas. Ya a finales de los 70 visitaban España más de 24 millones de turistas.

A mediados del siglo XIX, la novelista francesa George Sand y el compositor polaco Chopin fueron a la isla de Mallorca donde se encontraron en la tranquilidad de la Cartuja de Valldemossa.

2 ¿Quién iba a las islas en el siglo pasado? ¿Y ahora?

El efecto del turismo

El florecimiento de la industria turística, en la década de los 60, contribuyó decisivamente al desarrollo de España. La construcción de innumerables hoteles generó una gran actividad económica. Como cruz de la moneda, la despiadada explotación del litoral ha producido daños irreparables en la estética de las costas y en el medio ambiente.

Sin embargo, el turismo sigue siendo vital para equilibrar el déficit de la balanza de pagos española. El grueso del turismo de verano es el de sol y playa, alcohol barato y discotecas hasta las cinco de la madrugada. Ahora se pretende captar un turismo con mayores recursos económicos, ofreciendo mejores servicios a precios más elevados, por ejemplo vacaciones con golf y equitación.

Un pueblo precioso donde los turistas disfrutan las vacaciones.

3 ¿Qué atrae a la gente a pasar sus vacaciones en España?

4 Describe los efectos que ha tenido el turismo en España. ¿Son positivos o negativos? ¿Por qué?

Las Baleares

El archipiélago balear, formado por cinco islas, está en el mar Mediterráneo. Jaime I de Aragón las conquistó en el siglo XIII y en el siglo XIV se incorporan a la corona de Aragón. Su clima agradable y la belleza de su paisaje atraen a millones de turistas.

Aunque el turismo es su riqueza fundamental hay una agricultura próspera. Destacan los bosques de almendros que florecen en blanco en enero y pequeñas industrias, como las de perlas y zapatos.

La isla más grande es Mallorca, donde está la capital, Palma, que tiene una maravillosa catedral del siglo XIII. En Menorca y en su capital, Mahón, hay huellas de la larga ocupación inglesa de la isla. De esta ciudad parece originaria la salsa mahonesa o mayonesa. Ibiza fue el lugar favorito del movimiento hippy.

Millones de turistas pasan todos los años sus vacaciones en las islas Baleares.

 5 ¿Te gustaría pasar tus vacaciones en las Baleares, o prefieres otra región de España? ¿Cuál?

Las Canarias

El archipiélago de las islas Canarias, formado por siete islas y seis islotes está a unos 1.500 kilómetros de Madrid y a unos 100 de la costa africana. El paisaje de las islas es muy variado: va desde el tropical al volcánico o al desértico. En la isla de Tenerife está el pico más alto de España, el Teide.

Los romanos ya llamaban a estas islas las Afortunadas. Los españoles las conquistaron en el siglo XIV y las llamaron Canarias por los canes (del latín *can*, perro) que encontraron. Los aborígenes, los guanches, fueron aniquilados o se fundieron con los conquistadores. Canarias se convirtió en una escala en la ruta de América.

Aunque es una región muy seca (en las Canarias no hay ríos) y se hacen rogativas a las vírgenes y a los santos para pedir agua, la agricultura tiene mucha importancia económica, sobre todo el plátano, el tomate y el tabaco. También la pesca es potencialmente rica.

De Canarias proceden los plátanos que llevaron los españoles al Nuevo Mundo.

 6 Describe la geografía de las Canarias. Compárala a la Península Ibérica.

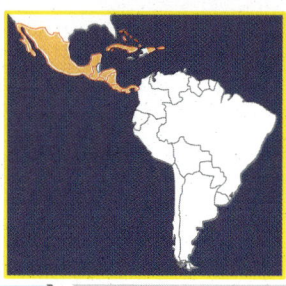

Países hispanohablantes

Hispanoamérica

En América Latina hay:
- 19 países hispanohablantes
- tres países anglófonos (Belice, Jamaica y Guyana)
- dos países francófonos (Haití y Guayana francesa)
- un país de habla portuguesa (Brasil)
- un país de habla holandesa (Surinam)

En Estados Unidos hay más de 20 millones de personas que hablan español.

ESTADOS UNIDOS (EE UU)

océano Atlántico

La Habana
CUBA
HAITÍ
PUERTO RICO
San Juan
Santo Domingo
REPÚBLICA DOMINICANA

MÉXICO
Ciudad de México

océano Pacífico

BELICE
HONDURAS
Tegucigalpa
NICARAGUA
Managua

JAMAICA

mar Caribe

GUATEMALA
Ciudad de Guatemala
San Salvador
EL SALVADOR
COSTA RICA
San José
PANAMÁ
Panamá

Países donde el español es lengua oficial

MÉXICO (Habitantes: 95 millones)

GUATEMALA (Habitantes: 10.5 millones)

HONDURAS (Habitantes: 5.8 millones)

EL SALVADOR (Habitantes: 5.8 millones)

NICARAGUA (Habitantes: 4.48 millones)

COSTA RICA (Habitantes: 3.3 millones)

CUBA (Habitantes: 11 millones)

REPÚBLICA DOMINICANA (Habitantes: 8 millones)

PUERTO RICO (Habitantes: 3.8 millones)

PANAMÁ (Habitantes: 2.82 millones)

COLOMBIA (Habitantes: 38 millones)

VENEZUELA (Habitantes: 22.4 millones)

ECUADOR (Habitantes: 12.1 millones)

PERÚ (Habitantes: 24.9 millones)

BOLIVIA (Habitantes: 7.4 millones)

CHILE (Habitantes: 14.6 millones)

ARGENTINA (Habitantes: 34.6 millones)

PARAGUAY (Habitantes: 4.8 millones)

URUGUAY (Habitantes: 3.15 millones)

mar Caribe

océano Atlántico

• Caracas

VENEZUELA

GUYANA

SURINAM

GUAYANA FRANCESA

COLOMBIA
• Bogotá

ECUADOR • Quito

PERÚ

BRASIL

• Lima

océano Pacífico

BOLIVIA
• La Paz

PARAGUAY

• Asunción

CHILE

océano Atlántico

URUGUAY
• Montevideo

ARGENTINA

Santiago

Buenos Aires

1 ¿Cuál es el país más extenso
   de América Latina? ¿Y el más
   pequeño?

2 De los países hispanohablantes,
   ¿cuáles son islas?

3 Relaciona los países siguientes
   con sus capitales (a la derecha).

a Nicaragua	1 Montevideo
b República Dominicana	2 Bogotá
c Paraguay	3 Managua
d Colombia	4 Santo Domingo
e Honduras	5 Tegucigalpa
f Uruguay	6 Asunción

83

México

1 Mira México en el mapa de América Latina (páginas 82-83). Adivina la variedad de climas por la geografía.

🎧 La tierra

El río Bravo (llamado río Grande en EE UU) es la frontera de América Latina con EE UU. Las dos cordilleras que cruzan México, la Sierra Madre, forman entre ellas una amplia meseta donde está la capital: Ciudad de México. En ambas cordilleras hay muchos volcanes y en el país frecuentes terremotos.

México es un país muy extenso (casi cuatro veces más grande que España). El clima del norte, que es seco, es muy diferente al clima del sur, por ejemplo el de Chiapas, que es tropical. El clima cambia sobre todo con la altitud: tierra caliente, la más baja, tierra templada, la mediana y tierra fría, la más alta.

La agricultura produce sobre todo maíz (esencial en la dieta del mexicano), frijoles y algodón. El golfo de México, que casi cierran las penínsulas de Yucatán y Florida, es rico en petróleo y pesca. México tiene una rica minería (cobre, plomo, plata) y es también uno de los grandes productores de petróleo del mundo.

La industria está en manos de las grandes empresas transnacionales. El comercio exterior se orienta a EE UU, lo mismo que el turismo. La proximidad a Estados Unidos, el delicioso clima y los bajos precios han hecho de Acapulco y Cancún dos centros turísticos de primera categoría.

Acapulco

« Pronunciamos Méjico y mejicanos aunque escribimos México y mexicano. México tiene una población de casi 100 millones de habitantes, la mayoría son mestizos y el 15 por ciento son indios. »

Chiapas

La terrible situación de los indios provocó la insurrección de Chiapas en 1994. Se dice que esta revolución es la primera *ciberrevolución* del mundo por la red de información (La Neta) que los guerrilleros y simpatizantes han creado en Internet para contrarrestar la "verdad" oficial.

2 Compara lo que adivinaste en la pregunta 1 con lo que has leído en 'La tierra'. ¿Habías adivinado bien?

3 Describe la influencia que tiene Estados Unidos en la economía de México. ¿Por qué es tan fuerte?

Platos típicos

De la rica gastronomía mexicana son muy conocidos internacionalmente los tacos, las salsas picantes, los chiles y el guacamole. El mole poblano, por ejemplo, es una salsa hecha con chocolate, nueces, chiles y otras especias. Se sirve con pavo, pollo o con enchiladas (tortillas de maíz). Los mexicanos suelen festejar bodas y reuniones familiares con este plato.

4 ¿Has probado alguna vez la comida mexicana? ¿Qué comiste? Describe los ingredientes.

Megalópolis

México es una república federal, como Estados Unidos, y tiene 31 estados. La capital, Ciudad de México, constituye un distrito federal (México D.F.), donde viven más de 20 millones de personas. Es la megalópolis más populosa del mundo y una de las más contaminadas.

Rodeada de montañas, es una hermosísima ciudad con monumentos precolombinos, coloniales y modernos. En el extraordinario Museo de Antropología se pueden ver muchos objetos indios. El Zócalo es la impresionante plaza central de la ciudad. Hay magníficos barrios residenciales, como la Zona Rosa, e interminables barrios de chabolas. El parque de Chapultepec es el pulmón de la ciudad.

El 25 por ciento de la población de México vive en el Distrito Federal.

A pesar de las últimas crisis financieras y de la gran pobreza, va desarrollándose, sobre todo en las ciudades, una amplia clase media.

5 ¿Por qué está tan contaminada la Ciudad de México? ¿Puede haber alguna razón geográfica?

6 ¿Cómo se diferencian las familias mexicanas de las familias españolas (páginas 38-39)?

La familia mexicana

Como en España, y en general en todos los países hispanoamericanos, la familia tiene una importancia central en la vida de la gente. Los lazos de unión de los parientes, incluso los lejanos, son muy fuertes y todos tratan de ayudarse mutuamente.

Los hijos son objeto de mimos y atenciones especiales. El niño es, como en España, el rey de la casa. Con frecuencia los abuelos viven con la familia y se ocupan de los niños, lo que es muy importante especialmente ahora que muchas mujeres tienen su carrera y trabajan fuera de casa.

En México hay libertad de cultos, pero la mayoría de la población es católica. Profesan una gran devoción por su patrona, Nuestra Señora Guadalupe. Se conservan un buen número de fiestas de tradición católica como la Navidad, el día de Reyes, la Semana Santa, y el día de Nuestra Señora de Guadalupe. El Día de los Difuntos (uno y dos de noviembre) es una fecha importante en México en la que se visitan los cementerios y aparecen en todos sitios las calaveras de dulce.

El Caribe

1 ¿Qué idea tienes del Caribe?
¿Cómo son las playas? ¿La comida?

El mar de las Antillas o Caribe parece casi un lago (página 82). Está rodeado por Centroamérica y unas islas: las Grandes Antillas (Cuba, Santo Domingo, Puerto Rico y Jamaica) y las Pequeñas Antillas, que son microestados independientes o colonias inglesas y francesas. Allí está Guanahani, el primer lugar del Nuevo Mundo descubierto por Colón" y al que llamó San Salvador, hoy Bahamas.

🎧 Cuba

La isla más grande de las Antillas es Cuba que tiene más de mil kilómetros de longitud. El centro es una gran llanura y en el este del país está la Sierra Maestra cuyo pico más alto es el Turquino. El clima es tropical y se cultiva sobre todo caña de azúcar y tabaco.

Cuba fue el último país en independizarse de América Latina (1898) y en la independencia intervino EE UU que obligó a incluir en la Constitución cubana la humillante Enmienda Platt que permitía la intervención militar estadounidense y que Cuba le cediese la base militar de Guantánamo.

La población es fundamentalmente blanca y mulata; la mezcla de españoles con los esclavos negros que llevaron a las plantaciones, durante la colonización, produjo el mulato. Ya no quedan indios taínos, los primeros habitantes de la isla.

Hoy día el turismo es muy importante para la economía de la isla y las playas, como la del Varadero, son conocidas en todo el mundo por la blancura de su arena y sus aguas cristalinas.

2 Describe la relación histórica entre Cuba y EE UU.

La capital es La Habana, una hermosa ciudad con un espléndido, aunque deteriorado, barrio colonial. En el sur del país está Trinidad (arriba), una preciosa ciudad colonial.

El béisbol es el deporte nacional y una victoria sobre Estados Unidos constituye una fiesta nacional.

Fidel Castro

Fue en la Sierra Maestra donde un joven abogado, llamado Fidel Castro, comenzó la guerrilla que acabó con la larga dictadura del general Batista. En enero de 1959, la victoriosa revolución comenzó sus reformas: urbana, agraria y otras. Pronto fue combatida por Estados Unidos que, ya en 1961, organizó la invasión de Playa Girón con el fin de derribar el régimen revolucionario. Poco después Castro proclamó a Cuba "república socialista" y Cuba sigue siendo un estado de partido comunista único.

El embargo a la isla decretado por EE UU, hace casi 40 años, la ineficacia del sistema cubano y la caída de los regímenes comunistas que ayudaron a Cuba económicamente son las causas de la crisis económica en que se encuentra la isla. Cuba vive, ensimismada en su intransigencia ideológica, el final de un sistema sin futuro.

3 La revolución de Fidel Castro, ¿cómo ha afectado a los cubanos de hoy?

República Dominicana

Es en el Caribe donde empieza la colonización del nuevo continente. La Española, nombre que le dio Colón a la isla, está dividida en dos estados: el más pequeño, Haití, en el oeste, y la República Dominicana, en el este. En La Española se sembró la primera caña de azúcar que llevó Colón al Nuevo Mundo y allí llegaron los primeros esclavos negros.

La República Dominicana es un país montañoso, allí se encuentran las montañas más altas del Caribe. Entre las montañas hay valles muy fértiles y la agricultura es muy próspera. Es un país bastante aislado, aunque ahora han empezado los viajes turísticos en gran escala.

Logró su independencia, sorprendentemente no de España sino de Haití en 1844. Ya en el siglo XX estuvo bajo la dictadura de Rafael Trujillo durante más de 30 años. En los años 60, después de la muerte de Trujillo, hubo una insurrección popular y una invasión de Estados Unidos.

La economía de la República Dominicana mejorará con el turismo.

4 Imagínate que trabajas en una agencia de viajes. Tu cliente quiere ir al Caribe de vacaciones. En un juego de rol con tu compañero, discute algunas opciones.

Puerto Rico

Puerto Rico, cuyo nombre nativo era Borinquen, es desde 1950 un "estado libre asociado" de Estados Unidos. Es decir, el Gobierno federal de EE UU tiene competencia en diversos asuntos del país: Defensa, Exteriores, Inmigración y Comercio exterior, por ejemplo. Hay mucha gente que quiere que Puerto Rico sea un estado más de Estados Unidos y otros, por el contrario, defienden la independencia. Los puertorriqueños tienen nacionalidad estadounidense pero no pueden votar en EE UU.

La población está formada por una mezcla de taínos aborígenes, esclavos negros y españoles blancos. Es un país muy montañoso, con una enorme densidad de población y gran emigración a Estados Unidos. Hoy día hay casi tantos puertorriqueños en Estados Unidos, sobre todo en Nueva York, como en Puerto Rico.

La capital de Puerto Rico: San Juan

El español es el idioma de Puerto Rico, pero también se habla inglés. Los cantantes puertorriqueños de música pop, como Ricky Martin, cantan indistintamente en español y en inglés.

5 ¿Cuáles serían las ventajas y las desventajas para Puerto Rico de ser un estado más de Estados Unidos? Haz un debate en clase.

6 ¿Estás de acuerdo con la idea de una sociedad bilingüe? ¿Por qué?

América Central

1 ¿Te gustaría ir a una zona tropical? ¿Por qué?

Costa Rica es el país más próspero de la región.

El istmo

Siete países forman la cintura de América, un istmo cruzado por la cordillera más volcánica del mundo. En la zona también son muy frecuentes los terremotos.

Tiene un clima tropical con altas temperaturas y sólo dos estaciones: la seca (de noviembre a abril) y la húmeda (el resto del año). Todos son países agrícolas y desde la época colonial cultivan productos destinados a la exportación: bananos, café, caña de azúcar, tabaco.

2 Mira el mapa de las páginas 83-84. ¿Cuáles son los siete países que forman América Central?

Los países

Honduras es un país con gran influencia estadounidense y es el mayor productor de bananos de la región. El 90% de la población es mestiza.

En vestido tradicional de los mayas en Guatemala.

El Salvador es el país más pequeño y de mayor densidad de población de la región. La pobreza y la guerra han provocado el exilio de cientos de miles de salvadoreños sobre todo a Honduras. Es un país de volcanes y frecuentes terremotos. Vive sobre todo de la exportación de café.

Es un país en el que dominaban 14 familias y en el que había extraordinarias desigualdades. En 1931 Farabundo Martí inició una revuelta cuya consecuencia fue la muerte de 30.000 personas a manos del ejército, hecho que se conoce como "la matanza".

Nicaragua es el país más extenso de América Central, pero sólo tiene 4 millones de habitantes. El 75% de la población son mestizos. En la costa del Caribe viven los indios misquitos. La capital, Managua, fue destruida por un terremoto en 1972 y todavía no ha sido reconstruída.

En **Guatemala,** país de extraordinaria belleza, tuvieron los mayas su centro fundamental y es uno de los países de mayor población india del continente. Conservan, sobre todo las mujeres, el vestido tradicional, tejido a mano y de muchos colores. Es uno de los grandes productores de café.

Cuando se le dio el nombre de **Costa Rica**, hoy el país más próspero de la zona, se pensó en las posibles riquezas del país. La población vive en la meseta central y queda muy poca población indígena. La producción fundamental es el café y los campesinos son propietarios de las tierras que cultivan.

Es un país muy consciente de la importancia del medio ambiente y ha establecido acuerdos por los que se compromete a proteger la selva tropical a cambio de que le condonen parte de la deuda externa. Costa Rica es un país que no tiene ejército y se le considera el país más democrático de América Latina.

El patio de atrás

Esta región y la del Caribe, caracterizadas por la pobreza y la inestabilidad política, desgarradas por guerras interminables, dictaduras, terremotos, huracanes y volcanes, son definidas como "el patio de atrás" de EE UU. La presencia norteamericana se ha manifestado por la intervención en apoyo a empresas explotadoras y a dictadores, o la lucha contra regímenes reformistas que ponían en peligro sus intereses.

En los años 50 el régimen democrático de Arbenz que trataba de aliviar con reformas la miseria de Guatemala, dominada por dictadores y empresas extranjeras, fue derribado por una invasión financiada por la CIA. Desde entonces en el país ha habido violencia gubernamental y guerrillas. En Nicaragua, EE UU apoyó la larga dictadura de la familia Somoza y luego financió a "La Contra" en su lucha antisandinista que había terminado con la dictadura.

El volcán de Masaya en Nicaragua.

Un barco de lujo pasa por el canal de Panamá.

5 ¿Qué papel ha tenido Estados Unidos en la historia de Centroamérica?

3 ¿Por qué se llama Centroamérica "el patio de atrás"?

4 ¿Qué país es un ejemplo de éxito en Centroamérica? ¿Por qué?

El canal de Panamá

En 1880 el constructor del canal de Suez, Ferdinand de Lesseps, inició, en Colombia, la construcción del canal de Panamá. Eligió la parte más estrecha del istmo, unos 60 kilómetros, pero no pudo terminarlo a causa de la fiebre amarilla y la malaria que provocó la muerte de miles de trabajadores y la bancarrota de la empresa.

El canal fue construido finalmente en Panamá, provincia que se independizó de Colombia con el apoyo de EE UU para facilitar la "operación canal". La zona del canal estuvo bajo la soberanía de Estados Unidos hasta el 31 de diciembre de 1999. Hoy está bajo la soberanía panameña.

El Norte del Sur

La Candelaria (Bogotá)

 1 ¿Has oído el nombre de Colombia? ¿En qué contexto?

Colombia

Colombia es un país caribeño y andino. La población es blanca o mestiza y, en la costa, negra. Tiene costas en el mar de las Antillas o Caribe y en el océano Pacífico. Su nombre es un homenaje a Columbus, es decir, al descubridor del continente Cristóbal Colón.

La mayor parte de la población vive en la zona de los Andes. La cordillera cruza el país de norte a sur. Forma tres cordilleras entre las que corren dos enormes ríos utilizados como vías de comunicación. Allí están las mejores zonas cafetaleras desde donde exportan café a todo el mundo.

La zona de los llanos que comparte con Venezuela, en la cuenca del río Orinoco, está formada por inmensas praderas, en las que hay abundante ganado por los buenos pastos. También Colombia tiene una zona caribeña y la selva amazónica con un clima tropical.

La capital de Colombia es Bogotá, una ciudad moderna con un bonito barrio colonial de casitas blancas de uno o dos pisos llamado La Candelaria. Y, como en todas las capitales, hay grandes barrios de chabolas. En el Caribe está el puerto de Cartagena.

Además de café, Colombia exporta flores y esmeraldas de las que es el mayor productor del mundo.

2 ¿Cuáles son las tres partes de Colombia?

3 Mira las fotos de esta página. Con un compañero, describe tu impresión de Colombia.

Un "desayuno ranchero" con frijoles, arroz, huevo y bistec. Se come con un "tinto" que es un café solo (sin leche).

🎧 El narcotráfico

Desgraciadamente, Colombia es, sobre todo, un país identificado con la droga. Los carteles colombianos controlan el 80 por ciento de la cocaína del mundo. La droga ha creado un ambiente de corrupción y de violencia muy extendido en la política y en la policía. Esto implica un gran deterioro de los valores de convivencia y democracia. Son muchos los "gamines", bandas de chicos que viven en la calle, marginados y sin familia. Muchos de ellos son utilizados por el narcotráfico y el crimen organizado. Hoy el gobierno intenta mantener la paz y acabar con la corrupción.

4 ¿Por qué se identifica Colombia con la droga? En tu opinión, ¿cómo se puede controlar?

La política colombiana

El sueño de Bolívar de crear la Gran Colombia se rompió antes de su muerte. El siglo XIX fue una serie incesante de guerras civiles entre conservadores (iglesia, ejército y terratenientes) y liberales (progresistas), maravillosamente noveladas por Gabriel García Márquez.

Después de un breve periodo de tranquilidad, el asesinato del político Jorge Eliecer Gaitán, en 1948, fue el origen de una situación de guerra civil, conocida como *la Violencia*, provocó unos 300.000 muertos. A esto se sumó, en los años 60, la aparición de varios grupos guerrilleros y el auge del narcotráfico. En la actualidad mueren de manera violenta unas 30.000 personas al año.

En el ambiente de terror creado por los grupos paramilitares y guerrilleros, el presidente Andrés Pastrana, elegido en 1998, intenta acabar con la situación de violencia y corrupción por medio de conversaciones de paz con los movimientos guerrilleros que llevan luchando más de 40 años.

 4 ¿Qué era *la Violencia*? ¿Por qué ocurrió?

Venezuela

Cuando los españoles llegaron y vieron que los caribeños vivían en cabañas lacustres en el lago Maracaibo, llamaron a la zona Venezuela, la pequeña Venecia. Es un país extenso con zonas muy diferenciadas.

En la costa del Caribe, está el lago Maracaibo del que se extrae la mayor parte del petróleo del país. La industria petrolera es la más importante de Venezuela.

La sierra es una zona alta donde se concentra casi la totalidad de la población. Allí está la capital Caracas, una ciudad muy moderna con un

Los llaneros con su ganado.

hermoso barrio colonial. Es una zona agrícola donde se cultiva maíz, café, cacao y algodón.

Los llanos, en realidad, son las llanuras de la cuenca del Orinoco, uno de los ríos más grandes del mundo que divide al país en dos. Es una zona donde prospera la ganadería y la agricultura. También hay la parte de selva tropical que es de gran riqueza maderera.

 5 Compara las diferentes zonas de Venezuela. ¿Qué efecto tiene el clima en sus productos?

 6 Vas a Venezuela de vacaciones. ¿Qué vas a hacer? Discute tus planes con un compañero

Venezuela tiene unas playas hermosas como Puerto La Cruz (arriba).

Los países andinos

A Ecuador pertenecen las islas Galápagos, paraíso de ecologistas y turistas, y el lugar que inspiró a Charles Darwin sus teorías sobre la evolución de las especies.

1 ¿ En tu país, ¿hay una población aborigen?

Ecuador

Ecuador, que formó parte del imperio inca, es el país más pequeño de la zona andina. Es un país de volcanes (el más famoso es el Chimborazo) y también de terremotos. Ecuador tiene una gran población indígena; el 25 por ciento de los habitantes es de origen indio.

En la sierra, donde vive la mayor parte de la población, está la capital, Quito, una ciudad con una magnífica zona colonial. La altura le proporciona un delicioso clima. La línea del ecuador está a 25 kilómetros al norte de la capital. La costa es una zona de clima tropical y allí está el puerto de Guayaquil.

Los militares

Los militares han tenido una gran influencia en la política del Perú. La revolución de Velasco Alvarado, en 1968, llevó a cabo nacionalizaciones y una reforma agraria. En los 90, el grupo guerrillero Sendero Luminoso, de ideología maoísta, fue aniquilado. Por esas fechas el novelista Mario Vargas Llosa estuvo a punto de ser elegido presidente del Perú, pero fue derrotado por Alberto Fujimori.

Perú

Perú tiene tres regiones: la costa, la sierra y la selva amazónica (casi deshabitada). En la costa vive el 60 por ciento de la población. En realidad, es un desierto que, gracias al riego que proporciona el agua de los Andes, tiene una rica agricultura: algodón, azúcar y maíz. La sierra es una zona de gran riqueza minera.

La corriente fría de Humboldt hace de la costa peruana una de las más ricas del mundo en pesca. En los últimos años, la corriente del Niño ha creado problemas ya que su agua caliente ahuyenta a los peces.

La capital es Lima, a unos kilómetros del Pacífico. En 1551 se fundó allí la primera universidad de América: San Marcos. Hoy Lima es una ciudad muy cosmopolita y un centro de comerico, industria y cultura.

« Soy de Cuzco, la antigua capital del imperio inca. Mucha gente de esta región es de origen indígena como yo. Hablamos idiomas indios como quechua y aymará. Perú tiene una gran riqueza de música tradicional. El huayno es la canción india más auténtica. En la música tradicional de los Andes se usan instrumentos típicos como la quena (flauta), el charango y la zampoña. »

2 ¿Dónde vive la mayoría de la gente en Ecuador? ¿Y en Perú? ¿Por qué?

3 ¿Cómo están formadas las poblaciones de estos países? ¿En qué se distinguen de los otros países de Hispanoamérica?

Bolivia

Bolivia es un país grande pero está muy poco poblado. Es el único país latinoamericano que no tiene salida al mar. Tiene dos partes muy diferentes: el altiplano, una meseta de unos 4.000 metros de altura rodeada por los Andes donde vive la mayoría de la población; y las zonas del Chaco y del Amazonas, al este del país.

La agricultura es muy pobre debido al duro clima. Pero Bolivia es muy rica en minerales, sobre todo estaño y antimonio. En la época de las colonias, la riqueza de la mina de plata de Potosí, situada a 4.500 metros de altura, generó un dicho que aún se usa en español para indicar el alto valor de algo: "vale un Potosí".

La Paz está en el altiplano y es una de las capitales más altas del mundo. Antes se decía que era la única ciudad en la que los aviones que iban a aterrizar tenían que elevarse en lugar de descender. Muy cerca de la capital está el monte Illimani (6.600 metros).

La historia de Bolivia es una interminable historia de guerras, revoluciones y golpes de estado. En la Guerra del Salitre cedió territorio a Chile y perdió su salida al mar. En 1952 Paz Estensoro, apoyado por los mineros, encabezó una revolución e hizo una reforma agraria.

En la frontera entre Perú y Bolivia está el lago navegable más alto del mundo, el Titicaca. Son muy características las barcas hechas de caña.

4 ¿Tiene desventajas vivir en una ciudad tan alta como La Paz?

5 Explica el significado del dicho español "vale un Potosí".

Paraguay

Paraguay es un país interior que, aunque no tiene costas en el océano, tiene salida al Atlántico por el río Paraná. Es un país agrícola (algodón y yerba mate) y ganadero. Una gran parte del país la constituye El Chaco, un desierto casi deshabitado. Es el único país hispanoamericano en el que un idioma indio, el guaraní, es idioma oficial, junto con el español.

Su independencia empezó con una de las dictaduras más crueles y largas (más de 20 años) del continente, la del doctor Francia. En el siglo XIX sufrió dos guerras terribles con sus vecinos: Uruguay, Argentina y Brasil, que se dice "sólo dejó vivos a mujeres, niños y burros".

En este siglo ha tenido uno de los dictadores más duraderos del continente, el general Alfredo Stroessner. Hoy la democracia va ganando fuerza frente al ejército.

Asunción es una de las ciudades más antiguas del continente.

6 Compara las historias de Bolivia y Paraguay. ¿Qué tienen en común? ¿Y en qué se diferencian?

El Cono Sur

1 Mira el mapa de América del Sur (página 83). ¿Por qué se llaman los siguientes países 'El Cono Sur'?

Argentina

Argentina es un país muy extenso; sólo la provincia de Buenos Aires es más grande que Suecia. Al oeste, los Andes constituyen la frontera natural con Chile. Allí está el Aconcagua con, casi 7.000 metros, el pico más alto del continente.

La Pampa es una inmensa llanura que ocupa una gran parte del país y se extiende también por Uruguay. Es famosa por su próspera ganadería y por los gauchos que cuidan los rebaños. También la agricultura (trigo, maíz y algodón) es muy próspera.

Al sur está La Patagonia, zona esteparia donde hay inmensos rebaños de ovejas y también yacimientos de petróleo y gas natural. Argentina termina en el archipiélago de Tierra de Fuego. A unos 600 kilómetros de Argentina están Las Malvinas, dos islas bajo soberanía británica donde viven unas 2000 personas. Los corderos y la pesca son sus riquezas naturales.

La población de Argentina es, en su mayoría, de origen español, italiano y turco y casi la mitad vive en la capital, Buenos Aires. En las regiones del norte, hay una abundante población india.

Buenos Aires es una ciudad enorme con lujosos barrios residenciales, magníficos parques y, como todas las ciudades latinoamericanas, con chabolas miserables. La calle 9 de julio está considerada como la más ancha del mundo. En torno a la capital se concentra gran parte de la industria del país.

2 ¿Puedes describir La Pampa? ¿Por qué es tan importante para la economía del país?

El tango es la música más característica de Argentina. El bandoneón es el instrumento típico del tango. El compositor, Astor Piazzola lo ha popularizado por todo el mundo. Se dice que "el tango es un pensamiento triste que se puede bailar".

La influencia italiana se nota en Buenos Aires en la zona de La Boca.

Platos típicos

En Argentina, la abundancia de magníficas carnes hace que la dieta sea esencialmente carnívora. El asado es el plato nacional, siempre acompañado de los excelentes vinos de Mendoza. Y el postre más típico es el dulce de leche. La influencia italiana se nota en la pizza, pasta y helados. El mate es la bebida más característica de Argentina (y también Uruguay); es bastante corriente ver a la gente paseando por calles y parques con las clásicas bombillas y termos.

3 ¿Cómo influyen los productos argentinos en la comida? ¿Y cómo se nota la influencia italiana?

4 ¿Te gusta bailar? Mira la foto del tango. ¿Te parece fácil o difícil este baile?

Chile

Chile es un país largo (más de 4.300 kilómetros) y estrecho. Limita al oeste con el océano Pacífico y está atravesado de norte a sur por la cordillera de los Andes. Tiene 14 millones y medio de habitantes entre los que hay una minoría de indios mapuches.

La capital de Chile es Santiago pero la sede del nuevo parlamento se encuentra en Valparaíso, que es el puerto más importante del país. Santiago es una ciudad grande con hermosas zonas residenciales y barrios de "callampas" en los extremos. La Alameda, o avenida O´Higgins, es la larguísima calle principal. El cerro de San Cristóbal es un lugar muy apreciado para disfrutar del tiempo libre.

Chile tiene algunas islas en el Pacífico: la Isla de Pascua y el archipiélago de Juan Fernández, a unos 600 kilómetros de la costa, hoy parque nacional donde vivió el marino que inspiró la novela *Robinson Crusoe*.

La Isla de Pascua, a 3.700 kilómetros de la costa chilena, famosa por las grandes figuras de basalto llamadas moai.

4 Describe los elementos geográficos de Chile. ¿Qué le hace especial dentro de América del Sur? Para más detalles, ve al sitio *www.chile.cl*.

5 ¿Qué sabes de la política chilena (por ejemplo, el ex-dictador Pinochet)? Busca más detalles en el periódico y discútelas en clase.

En Uruguay el presidente Batlle y Ordóñez, aprovechando la bonanza económica, creó a principios del siglo XX un "estado de bienestar" al que se llamó la Suiza de América.

En Argentina en los años 40 el general Perón y su esposa Eva Perón encabezaron un régimen dictatorial, populista y antiimperialista.

En los años 70, aunque la tradición democrática de Chile y Uruguay no anunciaba una evolución así, estos tres países estuvieron gobernados por dictaduras militares. Los nombres de Pinochet y Videla se hicieron tristemente célebres.

En los años 80, cayeron las dictaduras: la de Argentina a consecuencia de la derrota de las Malvinas, y la de Chile a raíz del referéndum que perdió el dictador. En el año 2000 se trata de procesar al general Pinochet por violación de derechos humanos.

Uruguay

Uruguay es el país más pequeño de América del Sur. Aunque sus habitantes lo llaman cariñosamente "el paisito", es más grande que Holanda, Bélgica y Dinamarca juntos.

Uruguay es una continuación de la llanura de la Pampa en Argentina; el 96 por ciento de la tierra es cultivable y su riqueza ganadera es enorme. Además de sus 3 millones de habitantes, Uruguay tiene 9 millones de vacas y 20 de corderos.

La capital, Montevideo donde vive casi la mitad de la población, está en la desembocadura del río de la Plata. Es una ciudad muy linda con playas limpias y avenidas hermosas.

6 Compara las riquezas de Argentina y Uruguay. ¿En qué se diferencian?

Mundo hispánico

¡Aprende un idioma!

Lee y contesta.

El método definitivo para aprender idiomas

Bla Bla & Company combina recursos multimedia con clases con profesores nativos

Cursos para empresas, profesionales y universitarios

Olvídese de los grupos

Con el sistema multimedia Bla, Bla & Company no depende de otros. Empieza el curso cuando quiere y viene a la hora que más le conviene. De 8 de la mañana a 10 de la noche, abrimos todo el año.

Un método interactivo a su medida

En Bla, Bla & Company todo es a su medida: los

profesores nativos controlan personalmente su nivel de aprendizaje y además podrá elegir el curso que más le interese (negocios, conversación telefónica, pronunciación...)

No pierda clases

Aprenderá idiomas en menos tiempo y por menos dinero. Si no viene, no pierde clase. Puede asistir tantas horas al día como quiera y sin pagar más por ello.

1 ¿Es importante saber idiomas? ¿Por qué /no/?

2 Lee el anuncio de *Bla Bla & Company.* ¿Qué ventajas tiene el aprender idiomas con *Bla Bla & Company*? ¿Hay alguna desventaja?

3 En el anuncio de *Bla Bla & Company,* busca la palabra que falta para hacer una pareja de sustantivos y verbos.

SUSTANTIVO	VERBO
control	_____
pago	_____
_____	aprender
_____	medir
combinación	_____

A Un mundo para Julius

Lee y contesta.

Lee estas líneas de la novela *Un mundo para Julius* del autor peruano Alfredo Bryce Echenique. Luego responde a las preguntas.

> Julius es hijo de una familia rica de Lima. En el extracto, una sirvienta se queja de la falta de decoración para la Navidad en casa de Julius.

"...No se respeta aquí la Navidad; esta noche es Nochebuena y no se ve ni un solo árbol de Navidad." Julius intervino para decirle que en eso él creía que mami tenía razón. *"Mami dice que no se puede poner árboles de Navidad llenos de algodón, para que parezca nieve, cuando nos estamos achicharrando de calor. Eso está bien en Alemania o en los Estados Unidos, pero no en Perú."*

1 ¿Por qué no hay árbol de Navidad en casa de Julius?

a Porque no se celebra la Navidad en Perú.

b Porque los árboles de Navidad no aguantan el calor.

c Porque la madre de Julius no es partidaria de poner árboles de Navidad.

2 ¿Está Julius de acuerdo con su madre? En tus propias palabras, explica por qué piensan que no se debe poner árbol de Navidad.

B En mi país

Describe.

Describe tu propio país.

¿Dónde está?
¿Cómo es (grande, pequeño, montañoso...)?
¿Cuántos habitantes tiene?
¿Cómo es el clima?
¿Hay ríos, lagos, desiertos...?

¿De dónde es? 🎧

Lee y empareja.

Lee la presentación de estas personas. Empareja cada persona y su lengua con el país o la región donde vive.

a Se llama Alberto. Vive en Valladolid. Habla castellano. Valladolid está en...

b Se llama Mikel. Vive en Guernika. Habla vascuence y castellano. Guernika está en...

c Se llama Flora. Vive en Puno. Habla quechua y castellano. Puno está en...

d Se llama Ana. Vive en Pontevedra. Habla gallego y castellano. Pontevedra está en...

e Se llama Joan. Vive en Vic. Habla catalán y castellano. Vic está en...

f Se llama Isabel. Vive en Villarica. Habla guaraní y castellano. Villarica está en...

| Cataluña | Castilla y León | Galicia | País Vasco | Paraguay | Perú |

Escucha.

Luego escucha cómo se presentan dos de estas personas en su primera lengua. ¿De qué lenguas se tratan?

 ¿Qué es?

Empareja.

Empareja los nombres geográficos con la definición correcta.

a el Aconcagua
b Gibraltar
c el Amazonas
d la Meseta
e el Ebro
f el río Grande
g las Antillas
h las Baleares
i el Atacama

1 el río más caudaloso del mundo
2 la frontera de Estados Unidos y México
3 un río español
4 un archipiélago
5 las islas del Caribe
6 el pico más alto de América del Sur
7 un desierto
8 una llanura
9 un estrecho, y una colonia inglesa

El autor

El peruano Alfredo Bryce Echenique nació en Lima en 1939. Es abogado y doctor en Letras. Enseña literatura hispanoamericana en la universidad en Francia. Ha publicado cuentos y novelas. Su novela más conocido es *Un mundo para Julius* donde describe la vida de la clase alta de Lima.

Historia

A La conquista de América

Lee y contesta.

Lee el extracto y luego decide si las afirmaciones abajo son verdaderas o falsas.

Lo siguiente es un extracto del discurso pronunciado el 28 de abril de 1997 por el escritor mexicano Carlos Fuentes cuando fue nombrado doctor honoris causa por la Universidad de Brown, Rhode Island, Estados Unidos.

1492 fue el año crucial de la historia de España. Los Reyes Católicos, Isabel y Fernando, expulsaron a los judíos y conquistaron el último reino moro, Granada. Al hacerlo, consagraron la unidad del territorio español, pero sacrificaron la heredad multicultural, cristiana, árabe y judía, de España.

(…) La conquista y colonización de las Américas por las armas y las letras de España fue (…) una catástrofe para las poblaciones aborígenes. (…) Pero una catástrofe (…) sólo es catastrófica si de ella no se desprende nada que la redima.

De la catástrofe de la conquista nacimos todos nosotros, los indo-ibero-americanos. Fuimos, inmediatamente, mestizos, hombres y mujeres de sangre indígena, española y, poco más tarde, africana.

Corrige la información incorrecta.

A Carlos Fuentes piensa que la multicultura cristiana, árabe y judía fue una catástrofe para España.

B Carlos Fuentes dice que las civilizaciones indias sufrieron por la conquista española.

C Carlos Fuentes considera que el mestizaje es una cosa positiva.

B Hechos históricos

Empareja.

Empareja los hechos con sus fechas correspondientes. Luego pónlos en orden cronológico.

HECHOS	FECHAS
a Carlos I de España y V de Alemania fue emperador	1492
b Los árabes invadieron la península Ibérica	1808
c Casi todas las colonias americanas se hicieron independientes	19 a C-414
d "Hispania" fue una provincia del imperio romano	711
e Estalló la guerra de la Independencia española contra los franceses	1516-1556
	1959
f Terminó la Reconquista y Cristóbal Colón descubrió América	1936-1939
g Triunfó la revolución cubana	1814-1842
h La Guerra Civil española	

C Bingo histórico 🎧

Escucha e identifica.

Escribe nueve de los nombres siguientes en una ficha de 3x3. Luego escucha la cinta. Si te parece que algo que oyes se refiere a uno de los nombres que has escrito, marca la casilla correspondiente con una cruz. Tres cruces en raya dan bingo.

Los romanos   Al Andalus   Los Reyes Católicos

Cristóbal Colón

Los mayas

Los incas   Carlos I

Los aztecas

Simón Bolívar   Francisco Franco   Hernán Cortés

Moctezuma

D La Guerra Civil

En la Guerra Civil española (página 18), miles de voluntarios fueron a España y se incorporaron a las Brigadas Internacionales para defender la república.

Este es un extracto del libro *Campo abierto*, del autor Max Aub. Julián Templado, que es republicano, va en un coche camino de Valencia cuando ve una enorme fila de camiones con hombres uniformados, cantando.

Contesta a las preguntas.

1 Julián Templado tiene que hacer un esfuerzo para contener sus lágrimas. ¿Crees que está triste, alegre o emocionado?

2 ¿Por qué motivo se siente así?

¿En qué idioma cantan? No son españoles. ¡No son españoles! ¿De dónde vienen? El chófer grita:

–¡Son franceses! ¡Los franceses! Ya decía yo que Francia no nos podía dejar en la estacada!

Camiones y más camiones.

¿Qué cantan? ¿En qué idioma cantan? En francés, sí. Pero estos otros, no. Estos, en italiano. No hay duda. ¿Pero aquellos? ¿En ruso, en alemán, en checo? Y estos, ¡en inglés!

Julián Templado (…) tiene que hacer un esfuerzo para contener sus lágrimas. Y abraza a sus compañeros de viaje, a quienes apenas conoce (…).

Siente que todo su ser le grita que vamos a ganar. ¡A ganar! Porque el mundo entero se ha dado cuenta de la justicia de nuestra causa. (…).

E Y tú, ¿qué opinas?

Explica.
Las tropas extranjeras, ¿en qué circunstancias deben tener derecho a intervenir en un conflicto interno de un país? Motiva tu respuesta.

a Cuando comparten la ideología o la religión de uno de los combatientes (izquierda contra derecha, musulmanes contra cristianos)

b Cuando tienen que defender sus propios intereses económicos

c Cuando tienen que salvaguardar sus propios ciudadanos

d Cuando los combatientes cometen crímenes de guerra

e Cuando alguien toma el poder mediante un golpe de estado

f Cuando el régimen maltrata a sus ciudadanos

Los autores

El mexicano Carlos Fuentes (1928) escribe cuentos y novelas. Sus novelas más conocidos, *La región más transparente*, *La muerte de Artemio Cruz*, *Cambio de piel*, tratan todas de México.

El español Max Aub (1902 - 1972) fue uno de los muchos autores que fueron obligados a exiliarse después de la Guerra Civil. Ha escrito un ciclo de novelas sobre la Guerra Civil: *Campo cerrado*, *Campo abierto*, *Campo de sangre*, *Campo del Moro* y *Campo de Almendros*.

Carlos Fuentes

Economía

El euro

Lee y contesta.

Lee este extracto del folleto *El Euro: la moneda única en Europa.* Luego contesta a las preguntas.

¿Qué es el euro?

La introducción del euro en 2002 ha sido el paso más importante en el proyecto de integración europea desde su creación, al exigir la renuncia de los estados miembros de la Unión Europea a un símbolo definitorio de su identidad nacional, la moneda, en beneficio de una divisa común para todos los europeos. El euro circula actualmente en todos los países comunitarios excepto en el Reino Unido, Dinamarca y Suecia.

¿Cuáles son los objetivos de la moneda única?

Con la Unión Monetaria, se ha construido un espacio económico integrado capaz de hacer frente a Estados Unidos y Japón en el comercio mundial. Además, está facilitando los intercambios comerciales dentro de la Unión y un entorno económico más estable. Todo ello está contribuyendo a una Europa más fuerte y unida económicamente y, en definitiva, a mejores expectativas de vida para todos sus ciudadanos.

1 ¿Por qué motivos se ha formado la Unión Monetaria?

2 La Unión Monetaria, ¿qué significa para…

a los extranjeros que visitan los países de la Unión Monetaria?

b las relaciones comerciales dentro de la Unión Monetaria?

c los ciudadanos de los países de la Unión Monetaria?

¿De qué país se trata?

Empareja.

Por cada frase, decide a cuál de los siguientes países se refiere.

Colombia Ecuador España México Venezuela

1 Más del 80 por ciento de la población activa trabaja en la industria y los servicios.

2 Es el primer exportador del mundo de naranjas y otros cítricos.

3 Es el primer productor de plata del mundo.

4 Es el segundo productor de café del mundo.

5 Es el cuarto productor de plátanos del mundo.

6 Es el tercer productor de petróleo del mundo.

7 Es el sexto productor de automóviles del mundo.

8 Pertenece a la Unión Europea (UE).

9 Pertenece al Tratado de Libre Comercio (TLC).

10 Su capital es la ciudad más populosa del mundo.

De compras

Discute.
Trabaja con un compañero. Vas a hacer una fiesta en casa para diez personas. Mira la lista de compras y decide qué cantidades necesitas y quién va a comprar qué. Luego contesta a las preguntas.

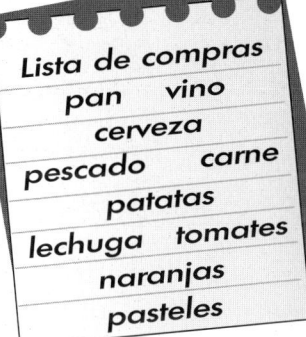

Lista de compras
pan   vino
cerveza
pescado   carne
patatas
lechuga   tomates
naranjas
pasteles

Tiendas
Carnicería   Farmacia
Floristería   Frutería
Juguetería   Librería
Papelería   Panadería
Pescadería   Pastelería
Relojería   Supermercado
Zapatería

1 ¿A qué tiendas vas a ir?

2 ¿Qué vas a comprar en cada una?

3 Para terminar, di algo que se pueda comprar en las tiendas a las que no vas a ir.

 Estadísticas

Escucha y rellena.
Escucha y rellena el recuadro con las cifras y datos que se dan para México, Argentina y Chile. Luego busca la información correspondiente a tu propio país.

	México	Argentina	Chile	Tu país
Población (millones de habitantes)				
PIB per cápita (US$)				
Moneda				
Inflación (%)				

 En busca de trabajo

Trabaja con un compañero. Haz un juego de rol.

Alumno A: Buscas trabajo en una pequeña ciudad española. Decide primero quién eres: edad, nacionalidad, educación, experiencia laboral, aptitudes (por ejemplo: *Soy una persona ordenada, me gusta…*). Luego hablas con un empleado / una empleada de la oficina de empleo **(Alumno B)**. Pregúntale si tiene alguna oferta de trabajo adecuado.

Alumno B: Trabajas en una oficina de empleo en una pequeña ciudad española. Hoy hay tres ofertas de trabajo (te los dará tu profesor/a). Lee las ofertas con la ayuda de un diccionario. Te va a visitar **Alumno A** en busca de trabajo. Trata de ver si alguna de las ofertas le interesa, y explica por qué le va bien o por qué no le va bien.

La economía de tu país

Describe la economía de tu país a un hispanohablante. Usa las preguntas siguientes para escribir un párafo.

¿Qué exporta tu país, y qué importa?

¿Aproximadamente qué porcentaje de la población activa trabaja en los diferentes sectores?

¿De cuántas horas es la semana laboral?

¿Cuántas semanas de vacaciones tienen los empleados?

Sociedad

A La Guardia Civil

En su poema *Romance de la Guardia Civil española*, el poeta Federico García Lorca (1898-1936) describe un grupo de guardias civiles que van a hacer una redada en un pueblo de gitanos.

Guardias civiles en la actualidad.

Romance de la Guardia Civil española

Los caballos negros son.
Las herraduras son negras.
Sobre las capas relucen
Manchas de tinta y de cera.
Tienen, por eso no lloran,
De plomo las calaveras.
Con el alma de charol
Vienen por la carretera.

(…)

1 ¿Crees que el poeta simpatiza con los guardias civiles, o no? Cita las líneas en que basas tu respuesta.

B Las ONG

Lee y explica.

Ayuda en Acción es una ONG (Organización No Gubernamental). Lee la página de su folleto y di qué actividad de esta ONG te parece más importante. ¿Por qué?

AYUDA EN ACCIÓN es una ONG de Desarrollo, independiente, apartidista y aconfesional que inició su trabajo en 1981.

AYUDA EN ACCIÓN es una organización profesional que busca el desarrollo de las comunidades más pobres, ejecutando planes a largo plazo (entre 10 y 15 años).

AYUDA EN ACCIÓN promueve el desarrollo integral: educación, salud, producción y organización comunitaria.

AYUDA EN ACCIÓN busca la autosuficiencia de las comunidades más pobres del mundo.

C ¿Verdadero o falso?

Decide si las afirmaciones son verdaderas o falsas (V/F). Corrige las afirmaciones falsas.

1 El país latinoamericano donde no hay ejército es Colombia.
2 La presión fiscal en España es una de las más bajas de Europa.
3 Aunque la mayoría de los españoles son católicos, en España hay libertad religiosa.
4 En Hispanoamérica hay una amplia clase media.
5 La radio y la televisión son muy importantes en Hispanoamérica.

D Una entrevista 🎧

Escucha y contesta.
Teresa es una chica española que está de voluntaria en Nicaragua. La entrevista allí un periodista de un periódico español.

1 Antes de escuchar, debes saber lo que significan las palabras siguientes.

> **un bicho raro   la desigualdad occidental   eficacia   puntualidad tardar   adaptarse   cambiar**

2 Escucha lo que cuenta Teresa de su experiencia. Luego contesta a las preguntas siguientes.

a ¿Cuantos años tiene Teresa?

b ¿Por qué se ha hecho voluntaria?

c ¿Cómo la recibió la gente en un principio?

d ¿Por qué ha sido para ella un choque cultural?

e Teresa, ¿es realista o romántica? Razona tu respuesta.

E La televisión

Contesta a las preguntas de este cuestionario sobre tu relación con la televisión.

¿Eres teleadicto/a?

1 ¿Sueles tener la televisión encendida mientras haces otras cosas?

a Sí

b No

2 Si el programa que habías seleccionado no es interesante, ¿apagas la televisión o empiezas a *zapear* (cambiar de canal con el telemando)?

a Hago *zapping*.

b Apago la televisión.

3 ¿Te quedas en casa el día de tu culebrón favorito, pase lo que pase?

a Sí

b No

4 ¿Hay días que no apagas el televisor?

a Sí

b No

5 Si hay más de un televisor en casa, ¿come o cena la familia en diferentes habitaciones para ver sus programas favoritos?

a Sí

b No

6 Empiezas a ver una película y te das cuenta de que ya la has visto. ¿Sigues viendo esa película porque no hay nada mejor, o apagas la televisión?

a Sigo viendo la película.

b Apago la televisión.

Dile a tu profesor cuántas veces has escogido la respuesta "a" y él/ella te dirá si eres teleadicto/a o no.

F Y tú, ¿qué opinas?

Discute.
Habla con un grupo de compañeros de tus preferencias de programas. Luego cuenta a la clase las opiniones de tu grupo.

1 ¿Qué programas de televisión te gustan más - telediarios, cine, culebrones, programas deportivos, documentales, concursos…? ¿Por qué?

2 ¿Cuántas horas diarias ves la tele?

Ambiente familiar

 A Oda al tomate

Lee y contesta.
En sus *Odas elementales*, el poeta chileno Pablo Neruda canta las cosas sencillas de la vida. Lee el poema y contesta a las preguntas.

1 En *Oda al tomate* Pablo Neruda describe los vegetales casi como si fueran seres humanos. ¿Qué ejemplos de esto puedes encontrar?

2 El poema, ¿está escrito en un tono agresivo o afectuoso? Razona tu respuesta.

3 ¿Te gusta *Oda al tomate*? ¿Por qué? ¿Por qué no?

 B La mujer

Mira y explica.
Mira esta viñeta que se publicó el *Día Internacional de la Mujer*.

1 Describe la escena.

2 La mujer dice que debía ser feliz. ¿Por qué?

3 ¿Y por qué no es feliz?

4 ¿Crees que esta escena también es típico de tu país?

Oda al tomate

En diciembre
se desata
el tomate,
invade
las cocinas,
entra por los
almuerzos,
se sienta
reposado
en los aparadores,
entre los vasos,
las mantequilleras,
los saleros azules.
Debemos, por
desgracia,
asesinarlo:
se hunde
el cuchillo
en su pulpa viviente,

es una roja
víscera,
un sol
fresco,
profundo,
inagotable,
llena las ensaladas
de Chile,
se casa alegremente
con la clara cebolla,
y para celebrarlo
se deja
caer
aceite,
hijo
esencial del olivo,
sobre sus hemisferios
entreabiertos (...)

C ¿Verdadero o falso?

Decide si las afirmaciones son verdaderas o falsas (V/F). Corrige las afirmaciones falsas.

1 En España e Hispanoamérica, el índice de natalidad va disminuyendo.

2 Los españoles e hispanoamericanos llevan dos apellidos.

3 Los españoles cenan a las ocho.

4 En los colegios públicos españoles, la educación es mixta.

5 En España no existe el divorcio.

6 Fueron los españoles los que llevaron la patata al Nuevo Mundo.

 **¿Salsa o sopa?** 🎧

Escucha y contesta.
Vas a oír a dos personas que hablan mientras preparan la comida.

1 ¿Cuál de estos platos están preparando?

2 ¿Por qué lo están preparando?

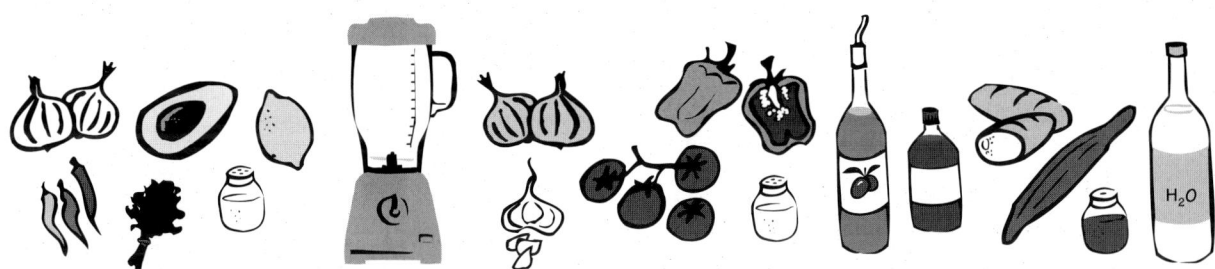

GUACAMOLE   GAZPACHO

 ¿Ser independiente o no?

Discute.
Trabaja con un compañero. Haz un juego de rol. Propone argumentos a favor de tu posición y contra la otra.

Alumno A: Tienes 25 años. Piensas seguir viviendo en casa de tus padres.

Alumno B: Tienes 25 años. Quieres independizarte.

 El sistema educativo

Discute.
Describe el sistema educativo de tu país a un hispanohablante.

G ¿Y en tu país?

Compara y escribe.
¿En qué aspecto se diferencia más tu país de los países hispanohablantes? Elige uno de los aspectos siguientes y compara tu país con España o con un país hispanoamericano que conozcas.

El ritmo diario

La vida familiar

La situación de la mujer

La situación de los mayores

La educación

La cocina

El autor

La obra maestra del poeta chileno Pablo Neruda (1904-1973) es *Canto general*. Canta la historia de América. Los héroes no son los conquistadores o los libertadores sino sus víctimas, la gente sencilla, es decir los labradores, los pescadores, los carpinteros. En 1971 Neruda recibió el Premio Nobel de literatura.

Diversiones

A Las buenas intenciones

Lee.

En la novela *Las buenas intenciones*, del escritor español Max Aub, Agustín lleva a Angelita a ver un partido de fútbol. Angelita no sabe nada de fútbol, y Agustín trata de explicárselo.

B ¿Qué piensas?

Escribe.

Piensa en un deporte que conoces y descríbelo para una persona que no sabe nada de él, de la misma manera que describe Agustín el fútbol.

- Mira, la cosa es sencilla: estos once vestidos de blanco, del *Madrid*, deben meter la pelota las más veces posibles en el interior de la portería, que son esos palos, del *Barcelona*. El *Barcelona*, esos once que visten camiseta azul y roja, a rayas. Y viceversa. Juegan hora y media, dos tiempos de 45 minutos. Ese señor del pito y con los calzoncillos azules es el *árbitro*. Y esos que corren con banderitas por las rayas de los lados, los *jueces de línea*. Cuando sale la pelota del campo de juego lo indican levantando el banderín. No hay más.

- ¿Y veintitantos hombres corriendo tras un balón atraen a tanta gente?

- Y eso no es nada. Estos, más sus familias, se pasarán la semana comentando los *pases* y los *goles*.

- Yo creí que era otra cosa.

- ¿Qué?

- No lo sé. Algo como los toros.

- A ti, ¿te gustan los toros?

- No he ido nunca.

A los veinte minutos Angelita se aburría. (...) Se sobresaltó cuando Monjardín, el delantero centro del *Madrid* metió el primer gol de la tarde. Todo el mundo parecía haberse vuelto loco.

- ¡Qué fáciles de contentar son todos! Por lo felices que son debieran hacer lo posible para que eso sucediera más a menudo: que metieran un gol por lo menos cada cinco minutos.

- En la dificultad reside el gusto.

C La fiesta nacional

Explica.

Explica a un hispanohablante una fiesta de tu propio país. ¿Cuándo es? ¿Qué celebra?

¿Qué hacemos esta noche?

Discute.

Trabaja con tu compañero. Mira esta página de la *Guía del Ocio* y habla de lo que quieres hacer. Trata de ponerte de acuerdo con tu compañero.

Algunas expresiones útiles:

Para proponer: ¿Por qué no vamos a…? ¿Qué te parece si vamos a…? A mí me gustaría…

Para aceptar: De acuerdo. Vale. Sí, con mucho gusto. ¡Qué buena idea! Estupendo.

Para rechazar: No me gusta/n/….Es muy aburrido. Prefiero…. No tengo mucho dinero.

 El fin de semana 🎧

Escucha y contesta.

Antonio y Gema miran la *Guía del Ocio* y hablan de lo que van a hacer en Madrid el fin de semana. Escucha lo que dicen y contesta a estas preguntas.

1 ¿Qué quiere hacer Antonio? ¿Por qué?

2 ¿Lo quiere hacer Gema también? ¿Por qué?

3 ¿Qué propone Gema?

4 ¿Lo quiere hacer Antonio también? ¿Por qué?

5 ¿Qué deciden hacer por fin?

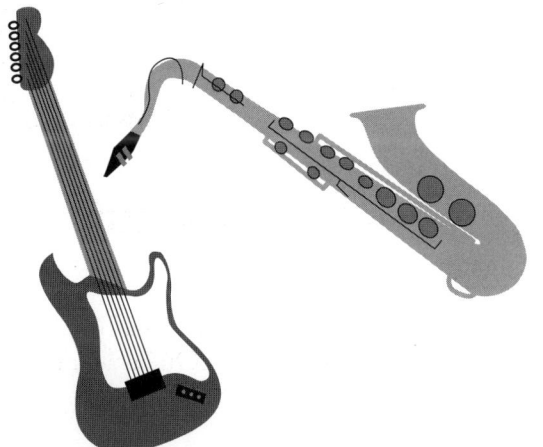

Agenda deportiva

Fútbol
Primera División. Atlético de Madrid-Villarreal. Dom. 11, 17h. Estadio Vicente Calderón. De 2.500 a 9.000 pts. Horario de taquillas: de 16 a 21 h. Tel. 91 366 47 07.

Baloncesto
Liga ACB. Real Madrid Teka-Pamesa. Sab. 10, 18 h. Ciudad Deportiva de Real Madrid. De 1.500 a 2.500 pts. Horario de taquillas: de 16 a 21 h. Tel. 91 315 10 02.

Adecco Estudiantes-Cáceres. Vier. 16, 20,30 h. Palacio de los Deportes. De 1.500 a 2.500 pts. Tel. 562 40 22.

Sábado 10

Pop-rock
Extremoduro + Fito & Fitipaldis. Palacio de Los Deportes (Plaza Dalí s/n. Metro: Goya). 22h. 2.000 pts. (vent. ant. Madrid-Rock).

Garrett Wall. O'Connor's. 22.30 h. Libre.

Dr. Suiza. Siroco. 22 h. 800 pts. con cerveza o refresco.

Ha Falta de pan. El Mexi(Viriato, 25). 22.30 h. Libre.

Picassound. La Buena Dicha. 22 h. 600 pts. con consumición mínima.

La Jam Session de Eric Franklin. Terraza Bar El Camping. 22.30 h. Libre.

Kike Jambalaya. Beethoven Blues Bar. 24 h. Libre.

Flamenco

Flamenco Esencia. Caracol. 22 h. 2.000 pts. (vent. ant. Fnac y Madrid Rock) y 2.500 pts. (taquilla, día del concierto).

José Menese. Teatro Albéniz (Paz, 11. Metro: Sol). 22.30 h. 2.000 y 3.000 pts.

María Vargas. Café de Chinitas. 24 h. 4.300 pts. con copa. Reservas en el Tel. 91 559 51 35.

Salsa

Son la Clave. Café del Mercado. 24 h. 1.000 pts. con consumición.

Guía del Ocio

Sobre gustos no hay nada escrito

A El tango 🎧

Lee y escucha.

Lee la letra de este tango cantado por Susana Rinaldi. Luego escúchalo en la cinta.

> **El último café**
>
> Llega tu recuerdo en torbellino,
> vuelve en el otoño a atardecer,
> miro la garúa, y mientras miro,
> gira la cuchara de café.
>
> Del último café
> que tus labios con frío,
> pidieron esa vez
> con la voz de un suspiro.
>
> Recuerdo tu desdén,
> te evoco sin razón,
> te escucho sin que estés.
> "Lo nuestro terminó",
> dijiste en un adiós
> de azúcar y de hiel...
>
> ¡Lo mismo que el café,
> que el amor, que el olvido!
> Que el vértigo final
> de un rencor sin porqué...
>
> Y allí, con tu impiedad,
> me vi morir de pie,
> medí tu vanidad
> y entonces comprendí mi soledad
> sin para qué...
> Llovía y te ofrecí, ¡el último café!

Contesta.

Ahora contesta a las preguntas.

1 El tema de este tango, ¿es alegre o triste?

2 El café que el *yo* de la canción ha ofrecido, ¿por qué será "el último"?

3 "El tango es un pensamiento triste que se puede bailar." Esta afirmación, ¿te parece válida para la letra y la música de este tango?

B ¿Qué estilo es?

Empareja.

Empareja cada imágen con el nombre de su estilo.

Nota: uno de los nombres sobra.

Gótico   Musulmán   **Mudéjar**
Románico   **Barroco**

 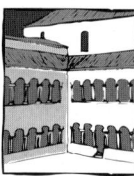  

Cuando Susana Rinaldi ofrece recitales en los países donde no todos hablan español, ella causa el mismo efecto fervoroso y electrizado en su público como en Buenos Aires. Ella es La Callas del Tango, La Piaf de Buenos Aires, o simplemente Madame Tango.

 **¿Qué es?**

Combina.
Combina los nombres de la columna izquierda con la definición correcta en la columna derecha.

1	Machu Picchu es	**a**	un compositor español
2	En Córdoba hay	**b**	un pintor del siglo XVI que vivió en Toledo
3	En Teotihuacán hay	**c**	un cuadro de Pablo Picasso
4	El Greco fue	**d**	pintó Las Meninas
5	Diego Velázquez	**e**	una ciudad inca
6	Francisco de Goya fue	**f**	enormes pirámides
7	El Guernica es	**g**	un gran muralista mexicano
8	Salvador Dalí fue	**h**	una mezquita árabe famosa
9	Diego Rivera fue	**i**	un cantante de ópera de fama mundial
10	Manuel de Falla fue	**j**	un pintor de la corte de Carlos IV
11	La zarzuela es	**k**	un pintor surrealista
12	Plácido Domingo es	**l**	una opereta española

 Un cuadro de Goya 🎧

Escucha y rellena.
Mira este cuadro de Goya y escucha la explicación. Luego rellena los huecos.

En…….., las tropas de ………….. invaden España. La mayoría de los españoles están en contra de ……………… El 2 de mayo de 1808, ………………….. se levanta contra las tropas ……………… . Pero la revuelta fracasa. El 3 de mayo, fusilan a los españoles que han participado en ……………… .

2 ¿Cuál es el sentimiento más fuerte que te inspira este cuadro? Explica por qué.

Contesta.
Ahora contesta a las preguntas.

1 a En el cuadro de Goya, ¿quiénes son las personas que están de espalda?
b ¿En quién está enfocada la luz del cuadro?
c ¿Qué van a hacer con él?

sufrimiento coraje
horror crueldad
patriotismo desesperación
violencia victoria impotencia
gloria heroísmo

 ¿Qué opinas?

Discute.
Tu profesor te va a dar una lista de expresiones para hablar de opiniones. Luego vas a ver una serie de imágenes. Utiliza las expresiones para manifestar tus opiniones en un grupo.

El mundo literario

A Del primer poema épico...

Lee y contesta.
Lee el siguiente texto y contesta a las preguntas.

Prelectura
El Cantar de Mío Cid, de principios del siglo XIII, cuenta las hazañas de una persona histórica, Rodrigo Díaz, por los moros llamado El Cid. Nos presenta a El Cid como una persona honrada, valiente y fuerte. El Cantar nos pinta un cuadro de las luchas de la Reconquista.

> Estrechan los escudos delante de los corazones,
> bajan las lanzas envueltas en los pendones,
> inclinaron las caras sobre los arzones,
> los iban a herir con mucho corazón.
>
> En voz alta llama el que nació en hora buena:
> "¡Heridlos, caballeros, por el amor del Creador!
> ¡Yo soy Roy Díaz, el Cid, el Campeador de
> Vivar!"

1 ¿Te parece que el autor del poema describe la escena de una manera realista o no?

2 Después de leer las líneas del poema, ¿puedes identificar los objetos señalados en este dibujo?

B ¿Qué prefieres leer?

Discute.
En un grupo, habla de tus preferencias literarias y luego cúentaselas a la clase.

C ¿De dónde vienen estas personas?

Combina.
Determina la nacionalidad de cada una de estas personas, el siglo en que vive y a qué género se dedica.

Ejemplo: Miguel de Cervantes era..., vivió en el siglo .... Escribió ...

Nombre	Nacionalidad	Siglo	Género
Federico García Lorca	chileno/a	XVII	cine
Miguel de Cervantes			
Gabriela Mistral			drama
Pablo Neruda	colombiano/a		
Gabriel García Márquez			novela
Pedro Almodóvar	español/a	XX	poesía

... al realismo mágico

Lee y contesta.
Lee el siguiente texto y contesta a las preguntas.

Prelectura
Hay un número de autores modernos hispanoamericanos que mezclan la "realidad" con fantasía y mitos. El más conocido exponente del llamado "realismo mágico" es Gabriel García Márquez. El extracto siguiente es de su novela *Cien años de soledad*. Los sucesos de la novela tienen lugar en Macondo, un lugar imaginario de Colombia. Los cien años contados en la novela abarcan las vidas de los miembros de la familia Buendía desde la independencia de Colombia en el siglo XIX hasta nuestros días. Estos son los antecedentes de las líneas que vas a leer:

Los obreros de la compañía bananera norteamericana han declarado una huelga, y se reúnen frente a la estación de Macondo con sus familiares. En las calles y en el tejado de la estación hay soldados con ametralladoras. Los militares dicen que si no se retiran los obreros, los matarán.

> -Señores y señoras - dijo el capitán con voz baja, lenta, un poco cansada -, tienen cinco minutos para retirarse.
> La rechifla y los gritos redoblados ahogaron el toque de clarín que anunció el principio del plazo. Nadie se movió.
> -Han pasado cinco minutos - dijo el capitán en el mismo tono-. Un minuto más y se hará fuego.
> (...)
> Embriagado por la tensión, por la maravillosa profundidad del silencio y, además, convencido de que nada haría mover a aquella muchedumbre pasmada por la fascinación de la muerte, José Arcadio Segundo se empinó por encima de las cabezas que tenía enfrente, y por primera vez en su vida levantó la voz.
> -¡Cabrones! - gritó -. Les regalamos el minuto que falta.

1 En tu opinión, ¿cómo se explica la reacción de José Arcadio Segundo?

 # ¿Qué es?

Empareja.
Empareja estas palabras del texto con la definición correcta.

lento	ponerse sobre las puntas de los pies
retirarse	un período de tiempo señalado para algo
el principio	que no se puede mover
un plazo	lo contrario de rápido
una muchedumbre	irse a casa
pasmado	la primera parte
empinarse	una multitud de gente

 # ¿Qué pasó?

Escucha.
¿Dispararon los militares sobre la muchedumbre, o no? Para saber lo que pasó, escucha la cinta. Contesta luego a las preguntas.

1 ¿Cuál era la versión oficial de lo que había pasado delante de la estación?

2 ¿Qué le pasó a José Arcadio Segundo?

De viaje

OLVIDESE DEL CINTURON Y PONGASE LAS BOTAS.

Hay cosas al viajar que usted desearía quitarse de encima: la incomodidad, el peligro, el miedo.
No se sienta ligado a ellas y suba al tren. Mientras saborea un buen plato o se toma una copa, mientras lee un libro o charla con su acompañante se dará cuenta de que, en tren, uno está libre de muchas ataduras.

RENFE
MEJORA TU TREN DE VIDA.

A ¿Vas en tren o en coche?

Mira y contesta.
Mira el anuncio de RENFE (la red nacional de ferrocarriles españoles). Luego contesta a las preguntas.

1 Según el anuncio, ¿por qué es mejor viajar en tren que en coche?

2 ¿Qué ventajas y desventajas ves en estos dos medios de comunicación?

3 ¿Qué manera de viajar prefieres tú?

B ¿Cuál es la capital?

Combina.
Combina los nombres de estas comunidades autónomas con sus capitales y con las características que damos en la columna derecha.

Comunidad autónoma	Capital	Características
Galicia	Santander	cuevas de Altamira/turismo/costa
Asturias	Logroño	paisaje verde y montañoso/costa/pelota
Cantabria	Santiago de Compostela	agricultura/vino
País Vasco	Pamplona	industria/Pirineos/Mediterráneo/turismo
La Rioja	Barcelona	verde y montañoso/ganadería/minería
Navarra	Oviedo	rías/paisaje verde/pesca
Aragón	Vitoria	Pirineos/valle del Ebro/San Fermín
Cataluña	Zaragoza	Pirineos/valle del Ebro/ciudad muy grande

C Las vacaciones ideales

Discute.
Trabaja con un compañero y pregúntale cómo serían sus vacaciones ideales. Luego imagínate tú cómo serían tus vacaciones ideales y contesta a las preguntas de tu compañero.

¿Adónde quiere ir - a la costa, a la sierra, al campo, a una ciudad…? ¿Por qué?.

¿Va solo/sola?

¿Cómo va - en tren, en coche, en barco, en avión?

¿Va en un viaje chárter o va por su cuenta? ¿Por qué prefiere lo uno o lo otro?

¿Va a vivir en un hotel, un apartamento, un albergue, un camping, en casa de amigos …? ¿Por qué prefiere lo uno o lo otro?

¿Va a comer en restaurantes o hacer su propia comida? ¿Por qué?

¿Cómo voy a tu casa?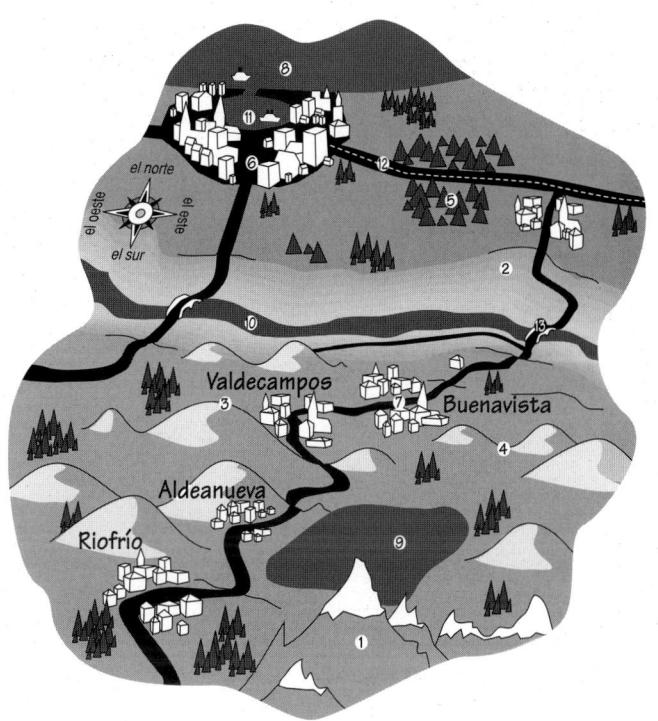

Empareja, escucha y contesta.

1 Antes de escuchar, empareja las siguientes palabras geográficas con los números en el dibujo.

a	pueblo	**b**	puerto	**c**	sierra	**d**	llanura
e	colina	**f**	ciudad	**g**	mar	**h**	lago	**i**	puente
j	río	**k**	carretera	**l**	bosque	**m**	valle

2 Ahora escucha la conversación. Alfonso describe a Carlos cómo se va del centro de la ciudad a su casa. Sigue la ruta en el dibujo.

3 Después de escuchar, sabrás dónde vive Alfonso.

a ¿Cómo se llama el pueblo?

b ¿Vive Alfonso en el centro o en las afueras?

 ## Trabajo de detective

Lee y contesta.

¿Dónde están estas personas, que están hablando por teléfono con sus casas respectivas? Nota: una de las ciudades sobra.

Barcelona   Bilbao   Pamplona   Santander   Santiago de Compostela

Ana _____   Óscar _____   José _____   Victoria _____

Ana	Creemos que vamos a llegar mañana. Ya no nos faltan más que 8 kilómetros.
Padre	¿Y conseguiréis el certificado?
Ana	Sí, sí. Ya hemos recorrido 150 kilómetros a pie.

Óscar	Hoy hemos hecho un recorrido a ver las obras principales de Gaudí.
Madre	La Sagrada Familia.
Óscar	Sí, claro. Y el Parque Güell y la Casa Batló.

José	¡El museo es fantástico! Parece un barco de guerra.
Madre	¿Y el arte?
José	Sí, también es muy interesante, claro. Pero a mí me fascina más el edificio.

Victoria	¡Juan está loco! Dice que va a correr mañana en el encierro.
Padre	Bueno, hija, no te preocupes.
Victoria	Claro que me preocupo. Si todos los días hay accidentes.

Ciudades españolas

A Madrid

Mira y contesta.

Mira el plano del centro de Madrid. Luego contesta a las preguntas.

1 ¿Cómo se llama la avenida que va desde la Puerta del Sol hasta la Plaza de Cibeles?

2 ¿Entre qué puntos va la Gran Vía?

3 ¿En qué parte de la ciudad está el Palacio Real?

4 ¿Dónde están los museos de arte: el Museo del Prado, el Centro de Arte Reina Sofía y el Museo Thyssen Bornemisza?

5 Di el nombre de tres plazas grandes y describe dónde están.

6 ¿Cuántas paradas del metro ves?

 ¡Vamos a Madrid!

Mira y discute.

Vas a ir con tu amigo a Madrid. Mira la página 75 y escoge dos o tres cosas que quieres ver en Madrid. Luego mira el plano de Madrid otra vez y la información hotelera abajo y díle a tu compañero/a qué hotel te parece mejor.

Ejemplos:

Yo prefiero el hotel...porque tiene..., A mí me gustaría ver...,

---

Meliá Madrid

Situación: Cerca de la Plaza de España y el Palacio Real.

Es el único hotel de 5 estrellas en este animado distrito central, que se encuentra cerca de las sedes de las grandes oficinas así como de buenos restaurantes y diversiones nocturnas alrededor de la Plaza de Oriente. Además de las atenciones que pueden esperarse en un hotel de esta categoría, los clientes disponen de sala de proyección, peluquería de señoras y caballeros, gimnasio y sauna.

Palace

Situación: a tres calles del Museo del Prado.

Es el segundo de los grandes hoteles veteranos de la ciudad. Entre sus clientes habituales se cuentan los ases de la torería, las estrellas de rock, políticos, artistas y altos ejecutivos. Las reformas que se están realizando añadirán una piscina, sauna y una pista de squash.

Serrano

Situación: Una calle tranquila entre el Paseo de la Castellana y la calle Serrano.

Este hotel es demasiado pequeño para recibir ruidosos viajeros de las giras turísticas colectivas que son la sangre vital de los hoteles de esta categoría de precios. El bar-salón sirve también de restaurante para el buen bufet libre del desayuno.

No hay un lujo excesivo, justamente el valor de lo que se paga, con la ventaja adicional de la proximidad al elegante barrio de Salamanca.

Hacer una reserva

Escucha y rellena.

El señor Ortega llama a un hotel para hacer una reserva. Habla con la recepcionista. Aquí ves las réplicas de la recepcionista.

Escucha la cinta varias veces. ¿Qué dice el señor Ortega?

Recepcionista	Buenos días, Hotel Sol.
Ortega	_____
Recepcionista	¿Para qué fecha?
Ortega	_____
Recepcionista	¿Una noche?
Ortega	_____
Recepcionista	¿Habitación doble o individual?
Ortega	_____
Recepcionista	Sí, señor. Todas las habitaciones tienen baño.
Ortega	_____

Recepcionista	Sí, señor. Hay un garaje en el sótano.
Ortega	_____
Recepcionista	8.600 pesetas.
Ortega	_____
Recepcionista	Está incluido el desayuno.
Ortega	_____

 ## Fabricar un test

Trabajo en groups.

El profesor/la profesora dividirá la clase en seis grupos. Cada grupo prepara un test para el resto de la clase sobre uno de los seis temas abajo. El test puede constar de preguntas, de ¿verdadero o falso?…

Grupo/Tema

1 Castilla-León, Castilla la Mancha, Toledo (página 74)

2 Madrid (página 75)

3 Andalucía, Sevilla (páginas 76, 77)

4 Extremadura, Murcia, Ceuta y Melilla (páginas 77, 79)

5 La Comunidad Valenciana, Valencia (páginas 78, 79)

6 Las Baleares, Las Canarias (página 81)

 ## Un viaje a España

¿Qué parte de España te gustaría más visitar? ¿Por qué?

Con la ayuda de Internet, planifica un viaje al lugar que has elegido. Busca un hotel o una pensión y averigua qué monumentos hay que ver.

1 Cuenta tus planes por escrito.

2 Escribe una postal a casa.

115

Matices de América Latina

Un largo lagarto verde

Por el mar de las Antillas
(que también Caribe llaman)
batida por olas duras
y ornada de espumas blandas,
bajo el sol que la persigue
y el viento que la rechaza,
cantando a lágrima viva,
navega Cuba en su mapa:
un largo lagarto verde,
con ojos de piedra y agua.

Nicolás Guillén

 ## Cuba en la poesía

Lee y discute.

Antes de leer el poema, busca Cuba en el mapa (páginas 82-83).

1 ¿Dónde está Cuba?

2 ¿Qué forma tiene?

Ahora lee el poema de Nicolás Guillén.

3 ¿Qué imagen tienes ya de Cuba?

 ## Turismo ecológico

Lee y contesta.

Lee este artículo *La Reserva Biológica Monteverde de Costa Rica.* Luego contesta a las preguntas.

¡Bienvenidos a la naturaleza! El tiempo es ideal para paseos de montaña, con lluvia, nubosidad y frío. En Monteverde hay reservas naturales, bellezas escénicas, mariposario, servicio de hoteles, restaurantes, paseos naturales.

En la Reserva Biológica Monteverde los visitantes pueden pasearse en cinco senderos. Una de las atracciones principales del Monteverde es el Sky Walk, un paseo sobre puentes colgantes que lleva a los visitantes a conocer los secretos de la montaña. Recorrer el Sky Walk, con guía o sin él, puede llevarle al visitante de una a tres horas. Pasearán por cinco puentes colgantes, el más alto con una elevación de 42 metros.

Curiosamente, los pobladores de las alturas de Monteverde son cuáqueros, gente del norte de Oklahoma que llegaron a Monteverde en 1952. Al principio fueron solamente doce familias. Ellos empezaron a trabajar la tierra y a mezclarse con los lugareños. Hoy los cuáqueros son famosos por su trabajo con la naturaleza.

Adaptado de un artículo de Cynthia Briceño Obando, La Nación (Costa Rica), 23 de julio de 1998.

¿Verdadero o falso? Decide si las afirmaciones son verdaderas o falsas (V/F). Corrige las afirmaciones falsas.

a Para pasearse en Monteverde el tiempo ideal es cuando hace mucho sol.

b En Monteverde se pueden ver muchas mariposas.

c Hay un puente colgante que tiene 42 metros de largo.

d Se puede ver toda la reserva en una hora.

e Los que viven en las alturas de Monteverde son indios.

¿Te gustaría visitar Monteverde? ¿Por qué /no/? Discute tu opinión con un compañero.

Un viaje escolar

Discute.

Imagínate que tu clase va a hacer un viaje escolar.

1 ¿Adónde te gustaría ir? ¿Por qué?

2 ¿Cuáles son, para ti, las atracciones más importantes de un viaje escolar?

A continuación hay una lista que te puede servir de inspiración. Discute tus preferencias con un grupo de compañeros, y trata de llegar a un acuerdo.

> atracciones
> monumentos interesantes
> buen tiempo (¿frío? ¿calor?)
> mucha marcha
> oportunidad de practicar una lengua extranjera
> aventura
> belleza escénica
> poder vivir en la naturaleza
> poder visitar una gran ciudad
> oportunidad de practicar deportes
> conocer a otra gente
> cultura (arte, música, arquitectura, civilizaciones antiguas)

 ## ¡Vamos a América Latina!

Escucha y discute.

Vas a escuchar información sobre cuatro de los países siguientes:

México	Panamá
Guatemala	Cuba
El Salvador	La República
Honduras	Dominicana
Nicaragua	Puerto Rico
Costa Rica	

Después de escuchar la cinta, indica de qué países se habla. Luego trata de decir algo característico de dos de los otros países de la lista. A ver si tus compañeros pueden adivinar de qué países se trata.

El autor

Nicolás Guillén (1904 - 1989), poeta cubano. Uno de los temas de la poesía de este poeta mulato es el afrocubanismo. Está por una parte el África de su abuelo negro, y por otra parte la España de su abuelo blanco. Tanto África como España forman parte de su pasado: "Estamos juntos desde muy lejos - jóvenes, viejos, negros y blancos, todo mezclado". Para los cubanos blancos, el afrocubanismo ha significado hacerse conscientes de la riqueza y de la importancia de lo africano en Cuba.

Los fenómenos naturales

A Las Islas Galápagos

Lee y contesta.
Lee la información sobre las Islas Galápagos.
Luego contesta a las preguntas.

El fantástico mundo animal creado en el cine
por Steven Spielberg queda pequeño ante este
espectáculo natural. Aquí la realidad supera la
ficción. Tortugas enormes - los galápagos - con
caparazones de 200 kilos, iguanas que se
parecen a dinosaurios, lobos marinos, peces
multicolores, ballenas …

Las islas Galápagos son patrimonio de la
humanidad. Unos 60 000 turistas al año visitan
El Parque Nacional Galápagos. Los turistas
sólo pueden ir con guías especiales y por
senderos indicados, para no molestar a los
animales. A pesar de esto, el turismo comienza
a provocar alteraciones biológicas en las islas.

Pero para la escasa población de las islas
(unas 11 000 personas) el ecoturismo es un
negocio floreciente que significa una mejora
en su calidad de vida.

LAS ISLAS
GALÁPAGOS

a ¿Por qué se habla aquí de Steven Spielberg?

b ¿Cómo son las islas Galápagos comparadas con las
películas de Spielberg?

c ¿Sabes algún lugar que es patrimonio de la
humanidad, más que las islas Galápagos?

d Hay ciertas reglas para los turistas que visitan las
islas. ¿Cuáles son?

e Los habitantes de las islas, ¿qué piensan del turismo?

B El turismo

Discute.
Haz una conversación en grupo. Habla de las
ventajas y desventajas del turismo.

1 ¿Qué ventajas tiene el turismo para un país
pobre?

2 ¿Y el ecoturismo?

3 ¿Hay también desventajas? ¿Cuáles?

A la derecha tienes unas palabras que te puedan
servir de inspiración.

desarrollo
explotación
dinero
puestos de trabajo
encuentros con otras culturas
modernización
desigualdad
aumento de criminalidad
droga
alteración de lo genuino
cambio de costumbres
aumento de conocimientos de idiomas
alza de precios

¿Quién sabe más de América del Sur?

Trabaja con un compañero.

Haz una competición en parejas. Tu profesor te dará la clave de las preguntas de tu compañero.

Alumno A	Alumno B
1 ¿Qué país tiene costas en el océano Pacífico y en el mar Caribe?	**1** ¿Cuál es el único país que no tiene salida al mar?
2 ¿Qué es el Chimborazo?	**2** ¿Cómo se llama el gran río que corre por Colombia y Venezuela?
3 ¿Cómo se llama la capital de Perú?	**3** ¿Cómo se llama la capital de Ecuador?
4 ¿Cuál es el único país hispanohablante en el que un idioma indio es idioma oficial?	**4** Hay un país que es muy largo y muy estrecho, ¿cómo se llama?
5 ¿A qué país pertenece la Isla de Pascua?	**5** ¿A qué país pertenecen las islas Galápagos?
6 ¿Cómo se llama el pico más alto de América del Sur?	**6** ¿En qué país está el pico más alto de América del Sur?
7 ¿Cómo se llama la capital de Argentina?	**7** ¿Cómo se llama la capital de Colombia?
8 ¿Qué importancia tenía Cuzco en la época de los incas?	**8** ¿En qué país está Cuzco?
9 ¿Como se llama el lago más alto del mundo en la frontera con Perú y Bolivia.?	**9** ¿Cuál es el país más pequeño de América del Sur?
10 ¿Qué país tiene tres veces más vacas que personas?	**10** ¿Qué es la Pampa?

 ## El Niño y La Niña 🎧

Escucha y elige.

Escucha la cinta. Luego elige la respuesta correcta.

1 ¿Qué es El Niño?

a Un fenómeno metereológico conocido desde hace centenares de años.

b El que da regalos en Navidad.

c Un fenómeno metereológico nuevo.

2 ¿Cómo empieza El Niño?

a Los peces de Perú y Ecuador van a aguas más calientes.

b Los pescadores de Perú y Ecuador dejan de pescar.

c Los vientos del Pacífico soplan el agua caliente de la superficie hacia las costas de Perú y Ecuador.

3 El Niño, ¿qué efectos tiene sobre el clima?

a Llueve mucho en Indonesia y Australia.

b Hay huracanes en la parte oeste del continente americano.

c Hay sequía en Perú y Ecuador.

4 ¿Cuándo ocurren los huracanes más fuertes?

a Cuando pasa mucho tiempo entre El Niño y La Niña.

b Cuando pasa poco tiempo entre El Niño y La Niña.

c Cuando sólo se da La Niña.

 ## Un viaje

Escribe.

Con dos o tres compañeros, planifica un viaje por América Latina. ¿Qué países quieres visitar? ¿Por qué? Busca más información en la biblioteca o en Internet. Presenta el proyecto a la clase.

conseguir *(v)* *9* to obtain

consejero *(nm/f)* *32* advisor, consultant

consejo *(nm)* *15* council

consentido *(adj)* *38* spoiled

conservas *(nf)* *25* preserved foods

conservero *(nm)* *79* canning

contaminado *(adj)* *27* polluted

contemplar *(v)* *76* to look at

contener *(v)* *10 76* to contain

contentar *(v)* *106* to satisfy, content

contrarrestar *(v)* *84* to counteract

convencido *(adj)* *58* convinced

convenio *(nm)* *19* agreement

convenir *(v)* *96* to agree

convertir *(v)* *11* to convert, transform

convivencia *(nf)* *74* living together

copla *(nf)* *58* verse

coraje *(nm)* *109* courage

corazón *(nm)* *59* heart

corcho *(nm)* *77* cork

cordero *(nm)* *40* lamb

cordillera *(nf)* *7* mountain range

corona *(nf)* *12* crown

corregir *(v)* *11* to correct

corrida de toros *(nf)* *46* bullfight

corriente *(adj)* *23* flowing

corriente *(nf)* *60* current

corro *(nm)* *72* ring, circle

cortador de troncos *(nm)* *69* log cutter

corte *(nf)* *54* court

cosechar *(v)* *13* to harvest

costumbre *(nf)* *29* custom

crecer *(v)* *36* to grow

crecimiento *(nm)* *24* growth

creencia *(nf)* *46* belief

crimen de guerra *(nm)* *99* war crime

criminalidad *(nf)* *23* crime rate

criollo *(nm/f)* *15* Creole

cristalino *(adj)* *86* clear

crueldad *(nf)* *15* cruelty

cruzar *(v)* *7 11* to cross

cuadro *(nm)* *54* painting

cuáquero *(nm)* *116* Quaker

cuento de hadas *(nm)* *73* fairy tale

cuerda *(nf)* *56* string

cuidar *(v)* *15* to take care of

culebrón *(nm Lat Am)* *35* soap opera

cultivar *(v)* *13* to cultivate

cumbre *(nf)* *71* summit

cumplir *(v)* *15 34* to accomplish

cuñado *(nm)* *36* brother-in-law

cura *(nm)* *17* priest

cursivo *(adj)* *38* italics

daño (nm) *80* damage

datar de *(v)* *50* to date from

debido a *(ph)* *12* because of, due to

debilidad *(nf)* *23* weakness

década *(nf)* *9* decade

decretar *(v)* *86* to decree, order

dejar en la estacada *(ph)* *99* to leave someone in the lurch

delantero centro *(nm)* *106* center forward

delito *(nm)* *31* misdemeanor

demás *(nm)* *32* the others

denuncia *(nf)* *21* report

derecho *(nm)* *19 43* right; law

derechos humanos *(nm)* *21* human rights

derribar *(v)* *18* to knock down

derrocar *(v)* *20* to overthrow

derrota *(nf)* *10* defeat

desarrollar *(v)* *27* to develop

desarrollo *(nm)* *13* development

desbordante *(adj)* *55* overflowing

descanso *(nm)* *44* rest

descender *(v)* *93* to go down

desconocido *(adj)* *12* unknown

descubrimiento *(nm)* *5* discovery

descubrir *(v)* *12* to discover

desdén *(nm)* *108* scorn, disdain

deseado *(adj)* *16* wanted, wished for

desembarcar *(v)* *14* to disembark

desembocadura (nf) *95* mouth (of a river)

desembocar *(v)* *6* to flow into

desempeñar *(v)* *13* to discharge

desempleo *(nm)* *28* unemployment

desequilibrio *(nm)* *21* imbalance

desfile *(nm)* *47* parade

desgarrado *(adj)* *89* ripped apart

desgracia *(nf)* *28* misfortune

deshabitado *(adj)* *92* uninhabited

desmesura *(nf)* *43* enormity

desnudo *(adj)* *52* naked

despiadado *(adj)* *80* cruel

desprenderse *(v)* *98* to become detached

desprestigio *(nm)* *23* discredit

destacar *(v)* *21 55* to stand out

destino *(nm)* *17 29* fate; destinations

desventaja *(nf)* *26* disadvantage

detalle *(nm)* *11* detail

detener *(v)* *21* to stop

deuda *(nf)* *27* debt

día festivo *(nm)* *46* holiday

diario *(adj)* *34* daily

dibujar *(v)* *10* to draw

dicho *(nm)* *93* saying

difundido *(adj)* *5* scattered

difunto *(nm)* *10* deceased person

difusión *(nf)* *61* spreading

digno *(adj)* *39* worthy

diputado *(nm/f)* *23* delegate, representative

dirigente *(nm)* *28* leader

dirigir *(v)* *47* to direct

dirigirse a *(v)* *14* to head for

discurso *(nm)* *98* speech

diseñador *(nm)* *55* designer

disfrutar *(v)* *23* to enjoy

disminuir *(v)* *36* to diminish

disparar *(v)* *111* to shoot, fire

distinguir *(v)* *37 21* to distinguish

distorsionado *(adj)* *58* distorted

diversos *(adj)* *87* various

divertirse *(v)* *38* to have a good time

divisa *(nf)* *100* foreign exchange

doblar *(v)* *35* to dub

dramaturgo *(nm)* *62* playwright

droga *(nf)* *22* drug

dulce *(nm)* *36* candy

duradero *(adj)* *93* tough

durar *(v)* *10* to last

dureza *(nf)* *12* hardness

echar una cabezadita *(ph)* 29 to have a nap
ecuador *(nm)* 92 equator
Edad Media *(nf)* 66 Middle Ages
edificio *(nm)* 31 building
eficacia *(nf)* 103 efficiency
ejecutar *(v)* 19 to execute
ejecutivo *(adj)* 33 executive
ejército *(nm)* 12 army
elegir *(v)* 19 to elect, choose
embriagado *(adj)* 111 drunk
embutido *(nm)* 40 sausage
emisión *(nf)* 48 broadcast, program
emisora *(nf)* 4 radio station
emitir *(v)* 4 to broadcast
emparejar *(v)* 96 to match
empeorar *(v)* 15 to worsen
empinarse *(v)* 111 to stand on tip toe
emplear *(v)* 14 to use
empleo *(nm)* 24 jobs
empobrecido *(adj)* 21 impoverished
empresa *(nf)* 25 company
encabezar (v) 32 to lead
encarcelar (v) 19 to imprison
encargado, ser el encargado de *(ph)* 12 to be in charge of
encendido *(adj)* 103 to be alight, to be on fire
encierro *(nm)* 46 penning of bulls
encomienda *(nf)* 15 concession, holding
encuentro *(nm)* 118 meeting, encounter
enemigo *(nm)* 14 enemy
enfermedad *(nf)* 15 sickness, disease
enfermera *(nf)* 39 nurse
enfrentamiento *(nm)* 58 confrontation
enrejado *(adj)* 77 grilled
enriquecer *(v)* 5 to enrich
ensayista *(nm/f)* 59 essayist
enseñanza *(nf)* 24 education
ensimismado *(adj)* 86 lost in thought
entierro *(nm)* 36 burial
entreabierto *(adj)* 104 half open; ajar

entregar *(v)* 14 to hand over
envuelto *(adj)* 110 wrapped
equilibrar *(v)* 80 to balance
equipo *(nm)* 9 team
equitación *(nf)* 80 horseback riding
escala *(nf)* 81 87 stopping place; scale
escaso 34 63 118 *(adj)* poor; scarce
esclavo *(nm)* 9 slave
escoger *(v)* 7 to choose
esconder *(v)* 51 to hide
escudero *(nm)* 58 squire; page
escudo *(nm)* 75 shield
escultor/a *(nm/f)* 47 sculptor
esfuerzo *(nm)* 23 effort
esmeralda *(nf)* 90 emerald
espada *(nf)* 49 sword
esparcimiento *(nm)* 77 scattering
espectáculo *(nm)* 48 118 spectacle; show
esperanza de vida *(nf)* 39 life expectancy
esquema *(nm)* 14 42 diagram, plan
esquí *(nm)* 71 ski
establecimiento *(nm)* 30 establishment
estadio *(nm)* 48 stadium
estado *(nm)* 22 state
estallar *(v)* 98 to break out
estancia *(nf)* 8 stay
estaño *(nm)* 93 tin
estanque *(nm)* 11 pool
estatuto *(nm)* 19 statute
estrecho *(adj)* 6 68 narrow
estrella *(nf)* 9 star
evitar *(v)* 21 to avoid
evocar *(v)* 108 to evoke, call forth
exigir *(v)* 19 to demand
exiliarse *(v)* 9 to exile oneself
éxito *(nm)* 21 success
expectativa *(nf)* 100 expectation; hope
explotación *(nf)* 15 22 exploitation
explotar *(v)* 26 to exploit
expulsar *(v)* 15 55 to eject, expel
extender *(v)* 14 to extend
extenderse *(v)* 7 to spread out
extenso *(adj)* 71 extensive
extraer *(v)* 91 to extract, take out
extraño *(adj)* 44 strange

fachada *(nf)* 52 façade, front
faena *(nf)* 49 play with the cape
faja *(nf)* 69 strip, band
familiares *(nm/f)* 111 relatives
fenicios *(nm)* 10 Phoenicians
feria *(nf)* 46 fair, carnival
férreo *(adj)* 59 iron
ferrocarril *(nm)* 112 railroad
festejar *(v)* 84 to celebrate
fiebre amarilla *(nf)* 89 yellow fever
fiel *(adj)* 44 loyal
fila *(nm)* 99 row, line
financiero *(adj)* 22 financial
firmar *(v)* 14 to sign
florecer *(v)* 81 to flower, bloom
folleto *(nm)* 100 brochure
fomentar *(v)* 15 to promote, foster
fortaleza *(nf)* 51 fortress
fracasar *(v)* 109 to fail
frenar *(v)* 18 to curb, restrain
frente a *(ph)* 93 as opposed to
fresco *(adj)* 67 fresh
frijoles *(nm Lat Am)* 84 beans
frontera *(nf)* 6 border
frontón *(nm)* 69 pelota court
fructífero *(adj)* 41 fruitful
frutero *(adj)* 71 fruit
fuegos artificiales *(nm)* 46 fireworks
fuente *(nf)* 11 25 fountain; source
fuera de *(ph)* 28 outside of
fuerte *(adj)* 25 strong
fuerza *(nf)* 14 force, strength
funcionario *(nm)* 40 civil servant
fundar *(v)* 10 to found
fundirse *(v)* 81 to join
funesto *(adj)* 16 ill-fated
fusilamiento *(nm)* 16 shooting; execution

gaita *(nf)* 67 bagpipe
galleta *(nf)* 40 cookie
gamba *(nf)* 40 prawn
gamín *(nm)* 90 street urchin

ganadería *(nf) 25* livestock
ganadero *(nm) 26 94* rancher
garúa *(nf) 108* drizzle
gastar *(v) 15* to spend
gastos *(nm) 27* expenses
gaucho *(nm Lat Am) 94* cowboy
gerente *(nm/f) 29* manager, director
gigante *(nm) 46* giant
girar *(v) 70 108* to turn; to rotate
gitano *(nm) 76* gypsy
gobierno *(nm) 15* government
gol *(nm) 106* goal (sport)
golpe de estado *(nm) 20* coup
   d'etat
golpear *(v) 69* to hit
gozar de *(v) 72* to enjoy
granero *(nm) 66* granary, barn
gratuito *(adj) 28* free of charge
griego *(nm) 10* Greek
grito *(nm) 11* cry
grueso *(adj) 52* thick *(nm) 80* main
   portion
guardia *(nm) 30* policeman
guay *(adj col) 38* cool; great
guerra civil *(nf) 11* civil war
guerrero *(nm) 11* warrior
guiso *(nm) 40* stew
gusto *(nm) 106* taste

hábil *(adj) 71* skillful
hacia *(prep) 10* about
hazaña *(nf) 58* feat, exploit
heredad *(nf) 98* landed property
heredar *(v) 14* to inherit
herejía *(nf) 12* heresy
herir *(v) 110* to injure, hurt
hermandad *(nf) 22* brotherhood
hermosísimo *(nm) 85* heroism
herradura *(nf) 102* horseshoe
hidalgo *(nm) 58* nobleman
hiel *(adj) 108* gall, bitterness
hierro *(nm) 10* iron
hincha *(nm/f) 48* fan (sports)
hoguera *(nf) 12* bonfire
homenaje *(nm) 58* homage
horario *(nm) 29 40* schedule

horno, alto horno *(nm) 68* blast
   furnace
hortelano *(nm) 62* gardener
hotelero *(adj) 114* hotel
hueco *(nm) 109* gap
huelga *(nf) 19* strike
huella *(nf) 50* mark
huerta *(nf) 71* fertile irrigated region
huír *(v) 9* to flee from
hundir *(v) 104* to sink

igualdad *(nf) 39* equality
ilustre *(adj) 57* famous
impedir *(v) 15* to stop, prevent
imperar *(v) 27* to rule, reign
imperio *(nm) 10* empire
implantar *(v) 21* to introduce
imponer *(v) 15 29* to enforce; to
   impose
impotencia *(nf) 109* powerlessness
improductivo *(adj) 27* inproductive
impulso *(nm) 25* impulse
inagotable *(adj) 104* inexhaustible
incomodidad *(nf) 112* inconvenience
inconfesable *(adj) 35* shameful
indicar *(v) 23 93* to indicate, point
   out
índice de natalidad *(nm) 36*
   birthrate
indígena *(adj) 15* native
inducir *(v) 18* to induce
informática *(nf) 29* computing
infrahumano *(adj) 27* subhuman
ingeniería *(nf) 43* engineering
ingenio *(nm) 44* talent
ingenioso *(adj) 58* clever
ingenuo *(adj) 55* candid
ingreso *(nm) 22 76* entry; income
iniciar *(v) 16* to start
injerencia *(nf) 64* interference
inquietante *(adj) 28* worrying
inquietud *(nf) 18* restlessness
instauración *(nf) 16* restoration
insuperable *(adj) 21* unsurmountable
insurrección *(nf) 32* revolt
intentar *(v) 23* to try

intercambio *(nm) 100* exchange
interno *(adj) 99* internal
interpretar *(v) 56* to perform
intérprete *(nm/f) 76* performer
intervenir *(v) 32* to intervene
invernadero *(nm) 76* greenhouse
inversión *(nf) 25* investment
invocar *(v) 37* to invoke
islote *(nm) 81* small island
istmo *(nm) 7* isthmus

jalonado de *(adj) 66* marked out
jefe *(nm) 11* boss, chief
jornada laboral *(nf) 29* working day
joya *(nf) 55* jewel
jubilación *(nf) 29* retirement
judía *(nf) 40* bean
judío *(nm) 11* Jew *(adj) 74* Jewish
juego de rol *(nm) 101* role play
juez *(nm) 39* judge
juguete *(nm) 47* toy
jurar *(v) 19* to swear
jurídico *(adj) 31* legal
justicia *(nf) 31* justice
juzgar *(v) 12* to judge

labio *(nm) 108* lips
lacón *(nm) 66* shoulder of pork
ladrillo *(nm) 50* brick
lagarto *(nm) 116* lizard
lágrima *(nf) 99* tear
lanza *(nf) 110* lance
lanzar *(v) 21 57 69* to launch; to put
   forth; to throw
lazo *(nm) 17* tie, link
lealtad *(nf) 17* loyalty
legumbre *(nf) 40* vegetable
lejano *(adj) 85* distant
leña *(nf) 78* firewood
levantamiento *(nm) 18* revolt
levante *(nm) 78* southeast coast
ley *(nf) 10* law
libertad *(nf) 16* freedom

ligado *(adj)* *112* tied
ligero *(adj)* *40* light
limpiar *(v)* *49* to clean
lindo *(adj)* *95* pretty
litoral *(nm)* *80* coast
llanero *(nm)* *91* plainsman
llano *(nm)* *97 90* plain
llanura *(nf)* *6* plain; prairie
llave *(nf)* *12* key
llegada *(nf)* *13* arrival
llegar a *(v)* *23* to arrive
llenar *(v)* *44* to fill
llevar *(v)* *19 40 42* to take; to wear
llevar a *(v)* *11* to lead to
llorar *(v)* *102* to cry
lluvioso *(adj)* *66* rainy
localidad *(nf)* *49* location
lograr *(v)* *17 18 19* to obtain; to achieve
lomo *(nm)* *49* back (of an animal)
luchar *(v)* *11* to fight
lugareño *(nm)* *116* villager
lujo *(nm)* *33* luxury
luto *(nm)* *39* mourning

madera *(nf)* *24* wood
maderero *(nm)* *70* lumberjack
madroño *(nm)* *75* strawberry tree
madrugada *(nf)* *44* dawn
maestro *(nm)* *42* teacher
maíz *(nm)* *24* corn
maltratar *(v)* *99* to mistreat
Malvinas *(nf)* *94* The Falklands
mancha *(nf)* *102* stain
mando *(nm)* *11* command
manifestación *(nf)* *19* protest
mano de obra *(nf)* *15* labor
mantener *(v)* *15 18 23* to maintain; to support
mantequilla *(nf)* *40* butter
maquinaria *(nf)* *24* machinery
marca *(nf)* *25 34* brand
marcha *(nf)* *117* movement, activity
marcharse *(v)* *12* to go away
mariscos *(nm)* *66* shellfish
mártir *(nm/f)* *17* martyr

máscara *(nf)* *73* mask
matador *(nm)* *49* bullfighter
matanza *(nf)* *88* slaughter
matar *(v)* *49* to kill
mate *(nm)* *41* herb drink (tea)
materia prima *(nf)* *21* raw material
matrimonio *(nm)* *36* marriage
mayoría *(nf)* *23* majority
media *(nf)* *24* mean
mediados, a mediados de *(ph)* *13* in the middle of
mediano *(adj)* *84* medium
mediante *(prep)* *99* by means of
médico *(nm)* *21* doctor
medida *(nf)* *96* measurement
medio ambiente *(nm)* *23* environment
mediodía *(nm)* *29* noon
medir *(v)* *77* to measure
mejorar *(v)* *28* to improve
mendigo *(nm)* *54* beggar
menos, al menos *(ph)* *39* at least
merecer *(v)* *49* to deserve
merluza *(nf)* *40* hake
mermelada *(nf)* *25* jam
mero *(adj)* *51* mere
meseta *(nf)* *84* plateau
meta *(nf)* *27* goal
meter un gol *(v)* *106* to score a goal
mezcla *(nf)* *9* mixture
migas *(nf)* *70* fried breadcrumbs
mimado *(adj)* *38* spoiled
mimo *(nm)* *85* affection
mina *(nf)* *9* mine
minería *(nf)* *16* mining
minoría *(nf)* *23* minority
misa *(nf)* *36* mass (religious)
mitad *(nf)* *25* half
mito *(nm)* *60* myth
mojado *(adj)* *27* wet
molestar *(v)* *118* to bother
molino de viento *(nm)* *58* windmill
moneda *(nf)* *100* currency
morcilla *(nf)* *40* blood sausage
morir *(v)* *15* to die
morisco *(adj)* *15* Moorish
moro *(nm)* *11* Moor
mostrar *(v)* *11* to show
muchedumbre *(nf)* *111* crowd, mob

muestra *(nf)* *50* example
muleta *(nf)* *49* matador's stick
muralla *(nf)* *77* wall

nacer *(v)* *8* to be born
naranjo *(nm)* *78* orange tree
narcotráfico *(nm)* *23* drug trade
naturaleza *(nf)* *116* nature
naturaleza muerta *(nf)* *55* still life
negocio *(nm)* *96* business
nivel *(nm)* *6* level
nobleza *(nf)* *54* nobility
noria *(nf)* *46* ferris wheel
notarse *(v)* *38* to show
noticia *(nf)* *34* news
novedad *(nf)* *57* novelty
novela policíaca *(nf)* *110* detective story
nubosidad *(nf)* *116* cloudiness

obispo *(nm)* *32* bishop
obra *(nf)* *11* work
obrero *(nm)* *18 28* worker
obstante, no obstante *(adv)* *18* however
ocio *(nm)* *107* leisure
ocuparse de *(v)* *31* to look after
oda *(nf)* *104* ode
oferta *(nf)* *29 35* offer
olvido *(nm)* *108* oblivion
ONG *(nf)* *102* NGO
ONU *(nf)* *19* UN
orientarse a *(v)* *84* to point
orilla *(nf)* *71* bank (of a river)
ornar *(v)* *116* to adorn
OTAN *(nf)* *22* NATO
oveja *(nf)* *25* sheep

pacífico *(adj)* *19* peaceable
pago *(nm)* *35* payment

paisaje *(nm)* 6 countryside

pala *(nf)* 69 bat

palo *(nm)* 106 stick

pan integral *(nm)* 40 wholemeal bread

pancarta *(nf)* 22 banner

Papa *(nm)* 12 pope

Papá Noel *(nm)* 47 Santa Claus

papel *(nm)* 11 13 paper; role

parado *(nm)* 18 unemployed

paraíso *(nm)* 67 paradise

parecer *(v)* 33 86 to seem, appear

parecido a *(adj)* 66 similar to

pareja *(nf)* 36 couple

pariente *(nm)* 85 relative

parlamento *(nm)* 22 parliament

paro *(nm)* 22 unemployment

parque de atracciones *(nm)* 73 fairground

parte, por una parte… por otra *(ph)* 117 on the one hand…on the other

partida *(nf)* 45 game (of cards)

partidario *(nm)* 16 supporters

partido *(nm)* 19 48 party; team

partir, a partir de *(ph)* 25 starting from

pasado *(nm)* 19 past

pase *(nm)* 106 pass

pasear *(v)* 44 to go for a walk

paseíllo *(nm)* 49 inaugural procession of bullfighters

pasmado *(adj)* 111 bewildered

paso *(nm)* 47 100 group of procession sculptures; step

pasto *(nm)* 66 pasture

patio de atrás *(nm)* 89 backyard

patria *(nf)* 17 native land

pavo *(nm)* 84 turkey

payador *(nm Lat Am)* 60 minstrel

paz *(nf)* 23 peace

peatonal *(adj)* 73 pedestrian

pedir *(v)* 14 41 to ask (for)

pegadizo *(adj)* 57 sticky

peligro *(nm)* 28 danger

pelín, un pelín *(nm col)* 38 a little bit

pendón *(nm)* 110 banner

penoso *(adj)* 28 painful

penuria *(nf)* 19 shortage

peón *(nm)* 20 worker

perder *(v)* 11 to lose

pérdida *(nf)* 18 loss

peregrinación *(nf)* 66 pilgrimage

periférico *(adj)* 16 peripheral

periodista *(nm/f)* 34 journalist

perjudicado *(adj)* 18 damaged

perseguir *(v)* 12 to pursue, persecute

personaje *(nm/f)* 48 character

pertenecer *(v)* 39 to belong to

pesca *(nf)* 25 fishing

petróleo *(nm)* 21 oil

pica *(nf)* 49 goad

picante *(adj)* 84 spicy

picaresco *(adj)* 58 roguish

pico *(nm)* 7 peak

pieza *(nf)* 56 composition

píldora *(nf)* 39 pill

pimiento *(nm)* 40 pepper

pinchadiscos *(nm)* 4 disc jockey

pintura *(nf)* 75 painting

pista *(nf)* 69 trail

pito *(nm)* 106 whistle, horn

planchar *(v)* 38 to iron

plantear *(v)* 55 to create

plasmar *(v)* 52 to shape

plata *(nf)* 5 silver

plátano *(nm)* 11 banana

platero *(nm)* 52 silversmith

plazo *(nm)* 111 time

pleno *(adj)* 51 full

plomo *(nm)* 25 lead

población *(nf)* 9 population

poblador *(nm)* 8 inhabitant

pobreza *(nf)* 18 poverty

poder *(v)* 12 to be able to

político *(nm)* 23 politician

porche *(nm)* 75 arcade

portería *(nm)* 106 goal

posada *(nf)* 66 lodging

potencia *(nf)* 14 power

pradera *(nf)* 90 grasslands

prado *(nm)* 6 meadow

predominar *(v)* 74 to dominate

premiar *(v)* 49 to reward

prensa *(nf)* 17 press

preocupado *(adj)* 59 worried

preso *(nm)* 19 prisoner

pretender *(v)* 80 to claim

pretendiente *(nm)* 16 candidate

principal *(adj)* 11 30 main

principio *(nm)* 19 beginning

probar *(v)* 40 to try

proceder *(v)* 15 to come from

proeza *(nf)* 11 feat

profundo *(adj)* 18 deep

prolongación *(nf)* 57 extension

promulgar *(v)* 15 to proclaim

pronunciar un discurso *(v)* 98 to make a speech

propiciar *(v)* 57 to give rise to

propietario *(nm)* 20 owner

propio *(adj)* 35 own

proponer *(v)* 22 to propose

proteger *(v)* 15 to protect

provecho, buen provecho *(ph)* 41 enjoy your meal

proveedor *(nm)* 37 supplier

provenir de *(v)* 72 to come from

provocar *(v)* 15 to lead to

proyectar *(v)* 45 to project

publicidad *(nf)* 35 advertising

puente *(nm)* 10 46 bridge

puente colgante *(nm)* 116 suspension bridge

puesto de trabajo *(nm)* 118 job

pulmón *(nm)* 75 lung

pulpo *(nm)* 66 octopus

puntilla *(nf)* 49 short dagger

punto, estar a punto de *(ph)* 92 to be on the point of

quebrado *(adj)* 39 broken

quedar *(v)* 5 36 to remain; to become

quedarse *(v)* 8 to stay behind

queja *(nf)* 31 complaint

quemar *(v)* 12 to burn

quena *(nf Lat Am)* 57 rustic flute

química *(nf)* 43 chemistry

químico *(adj)* 24 chemical

quinielas *(nf)* 45 betting pools

quiosco *(nm)* 73 stand

quitarse de encima *(v)* 112 to get rid of something

raíz *(nf) 29* root

ranchero *(nm Lat Am) 90* rancher, farmer

rascacielos *(nm) 25* skyscraper

rasgo *(nm) 50* feature

real *(adj) 14* royal

realizar *(v) 23* to carry out

rebaño *(nm) 94* flock, herd

reclamar *(v) 17* to claim

recoger *(v) 11* to gather

reconocimiento *(nm) 16* recognition

reconquista *(nf) 12* reconquest

reconstruir *(v) 88* to reform

recopilar *(v) 58* to compile

recorrer *(v) 66 68* to travel

recto *(adj) 52* straight

recurso *(nm) 80* resources

rechazar *(v) 107 116* to repel

rechifla *(nf) 111* whistle

red *(nf) 84* net

redada *(nf) 102* raid

redimir *(v) 98* to redeem

redoblado *(adj) 111* reinforced

reflejo *(nm) 58* reflection

refrán *(nm) 72* saying, proverb

refugiarse a *(v) 16* to go into hiding

regadío *(nm) 79* irrigated land

régimen *(nm) 19* regime

regir *(v) 31* to rule, govern

regla *(nf) 27* rule

reivindicación *(nf) 18* claim

relacionar *(v) 15 83* to relate; to connect

relegar *(v) 38* to relegate

relieve *(nm) 51* relief (art)

rellenar *(v) 101* to fill in

relleno *(adj) 40* stuffed

relucir *(v) 102* to shine

rematar *(v) 49* to kill instantly

remontarse a *(v) 76* to rise, soar

renacimiento *(nm) 66* revival

rencor *(nm) 108* bitterness

renombrado *(adj) 63* famous

renuncia *(nf) 100* renunciation

reposado *(adj) 104* quiet, calm

represalia *(nf) 28* reprisal

rescate *(nm) 14* ransom

residencia *(nf) 29 39* residence; senior community

resurgir *(v) 72* to reappear

retirarse *(v) 14* to move back

retrato *(nm) 54* portrait

reunirse *(v) 36* to meet

revuelta *(nf) 88* turn

Reyes Magos *(nm) 47* Wise Men

ría *(nf) 66* estuary

ribera *(nf) 68* bank of a river

riego *(nm) 78* irrigation

riqueza *(nf) 15* wealth

rodeado de *(ph) 6* surrounded by

romper *(v) 17* to break

ropaje *(nm) 47* ceremonial garb

ruedo *(nm) 49* bullring

ruidoso *(adj) 114* noisy

ruptura *(nf) 19* rupture; split

sacar *(v) 12 16* to extract; to get out

sacar adelante *(v) 21* to bring up the living standards

sacerdote *(nm) 14* priest

salto de agua *(nm) 7* waterfall

salud *(nf) 22* health

salvaguardar *(v) 99* to safeguard

salvar *(v) 14* to save

sanear *(v) 24* to remedy

saquear *(v) 26* to pillage, loot

seda *(nf) 25* silk

sede *(nf) 68* seat

según *(adv) 46* according to

seguridad *(nf) 30* security

seleccionar *(v) 103* to choose

selva *(nf) 7* jungle

sembrar *(v) 13* to sew (seeds)

semejanza *(nf) 52* similarity

senderismo *(nm) 67* climbing, hiking

señalar *(v) 8 13* to point out; to mark

sequía *(nf) 119* drought

sierra *(nf) 7* mountain range

sigla *(nf) 33* symbol

sindicato *(nm) 28* labor union

sitio *(nm) 39* place

soberanía *(nf) 17* sovereignty

sobremesa *(nf) 44* sitting on after a meal

sobrenombre *(nm) 16* nickname

sobresaltarse *(v) 106* to be startled

sobrevivir *(v) 24* to survive

soja *(nf) 24* soya

soler *(v) 29* to be accustomed to

sombra *(nf) 49* shadow

soplar *(v) 119* to blow

sorteo *(nm) 47* raffle

sospechoso *(adj) 12* suspicious

sótano *(nm) 115* basement

suavizar *(v) 33* to smooth out

sublevarse *(v) 14* to revolt

subsidio *(nm) 28* subsidy

subvencionado *(adj) 42* subsidized

suceder *(v) 16 106* to follow; to happen

superar *(v) 118* to surpass

suponer *(v) 59* to attribute

suprimir *(v) 16* to abolish

surgir *(v) 18* to arise

suspiro *(nm) 108* sign

taifa *(nf) 79* gang

tallar *(v) 51* to carve, shape

tambor *(nm) 47* drum

tapas *(nf) 40* appetizers

tapiz *(nm) 54* tapestry

tardar *(v) 10* to take a long time

tarea *(nf) 33* job, task

tasa *(nf) 36* rate

tejado *(nm) 73* tiled roof

tejido a mano *(adj) 88* handwoven

telediario *(nm) 35* television news bulletin

telemando *(nm) 103* remote control

telenovela *(nf) 35* soap opera

templado *(adj) 84* temperate

temporada *(nf) 49* season

tender *(v) 36* to tend to

terrateniente *(nm/f) 91* landowner

terremoto *(nm) 84* earthquake

tertulia *(nf) 35* regular informal gathering

testigo *(nm) 60* witness

testimonio *(nm)* *8* evidence
timorato *(adj)* *59* sanctimonious
tinta *(nf)* *102* ink
tiovivo *(nm)* *46* merry-go-round
tío *(nm col)* *38* guy
titularse *(v)* *55* to be entitled
título universitario *(nm)* *43* university degree
tocino *(nm)* *40* bacon
toque de clarín *(nm)* *111* chime (of a bell)
torbellino *(nm)* *108* whirlwind
torería *(nf)* *114* bullfighting world
torero *(nm)* *49* bullfighter
toril *(nm)* *49* bullpen
tortilla *(nf)* *40 41* omelette; flat corn pancake
tortuga *(nf)* *118* tortoise
traer *(v)* *5* to bring
tragaperras *(nm)* *45* slot machine
trainera *(nf)* *68* small fishing boat
traje *(nm)* *46* dress, costume
trama *(nf)* *61* plot
tranquilidad *(nf)* *80* peacefulness
trapo *(nm)* *49* cape
trasladarse *(v)* *9* to move
trasnochar *(v)* *29* to go to bed late
trastornar *(v)* *58* to disturb, upset
tratado *(nm)* *16* treaty
tratar *(v)* *16* to deal with
tratarse de *(v)* *16* to try to
trato *(nm)* *38* relationship
tribunal *(nm)* *12* court
tricornio *(nm)* *102* three-cornered hat
trigo *(nm)* *25* wheat
triunfo *(nm)* *19* triumph
trono *(nm)* *16* throne
tropas *(nf)* *14* troops
truncado *(adj)* *51* shortened

ubicarse *(v)* *77* to be located
último *(adj)* *15* last
unidad *(nf)* *12* unity
unido a *(adj)* *32* joined
unir *(v)* *17* to unite

uso *(nm)* *10* use
útil *(adj)* *25* useful

vale *(ph)* *107* O.K.
valido *(nm)* *15* (royal) favorite
valiente *(adj)* *58* brave
valor *(nm)* *11 90* bravery; value
valle *(nm)* *70* valley
vaquillas *(nf)* *46* amateur bullfight with young bulls
variado *(adj)* *25* varied
vasco *(adj)* *8* Basque
vecino *(nm)* *27* neighbor
veintitantos *(adj)* *106* twenty-something
velar por *(v)* *31* to watch over
velocidad *(nf)* *25* speed
vencer *(v)* *16* to defeat, beat
vendimia *(nf)* *70* grape harvest
ventaja *(nf)* *28* advantage
ventanal *(nm)* *52* large window
veranear *(v)* *29* to spend the summer
veraneo *(nm)* *29* summer holiday
verdadero *(adj)* *11* true
verduras *(nf)* *24* vegetables
vértigo *(nm)* *108* dizziness
vestido de *(adj)* *106* dressed as
veterano *(adj)* *114* veteran
vía de comunicación *(nf)* *90* communication route

vida laboral *(nf)* *28* working life
vidriera de colores *(nf)* *52* stained-glass window
vidrio *(nm)* *11* glass
vigilar *(v)* *23* to watch over
vinculado a *(adj)* *70* linked to
viñedo *(nm)* *76* vineyard
virreinato *(nm)* *15* viceroyalty
virrey *(nm)* *15* viceroy
vistoso *(adj)* *49* showy, colorful
viudo *(nm)* *36* widower
vivienda *(nf)* *23* housing
viviente *(adj)* *104* living
vivo *(adj)* *55* lively
volcán *(nm)* *84* volcano
voluntario *(nm)* *99* volunteer
volverse loco *(v)* *106* to drive crazy
vuelta *(nf)* *52* return

yacimiento *(nm)* *26* bed, deposit
yerno *(nm)* *22* son-in-law

zampoña *(nf)* *57* rustic flute
zapateado *(nm)* *76* stamping, tapping
zarzuela *(nf)* *56* operetta
zona *(nf)* *7* area

Key to Exercise Rubrics

Combina. Combine.
Contesta a las preguntas. Answer the questions.
Describe. Describe.
Discute. Discuss.
Empareja. Match.
Escribe. Write.
Escucha e identifica. Listen and identify.
Escucha y contesta. Listen and answer.
Escucha y discute. Listen and discuss.
Escucha y elige. Listen and choose.

Escucha y rellena. Listen and fill in.
Explica. Explain.
Lee. Read.
Lee y contesta. Read and answer.
Lee y discute. Read and discuss.
Lee y empareja. Read and match.
Mira y contesta. Look at and answer.
Mira y discute. Look at and discuss.
Mira y explica. Look at and explain.
Trabaja con un compañero. Work with a partner.
Trabajo en grupos. Work in groups.